Célébration du quotidien

Colette Nys-Mazure

Célébration du quotidien

Préface de Gabriel Ringlet

"Littérature ouverte"

DESCLÉE DE BROUWER

© Desclée de Brouwer, 1997
76 *bis*, rue des Saints-Pères, 75007 Paris
ISBN 2-220-03918-8

Pour Élisabeth, au jour de la Transfiguration

Préface
Une petite éternité

Il y a quelques années, Jean-Claude Guillebaud qui était alors grand reporter au journal *Le Monde* fut chargé, deux années de suite, d'un long voyage expérimental, discuté et préparé avec ses collègues de la rédaction. Son ordre de mission paraissait simple au départ : « Prêter une attention nouvelle à tout ce qu'ordinairement l'actualité néglige. La poussière des villes, les soucis du quotidien, la vérité minuscule des rues, des villages ou des familles... » Résultat des courses : *Un voyage vers l'Asie* et, l'année suivante, *Un voyage en Océanie*, deux ouvrages dont l'éditeur affirme qu'ils racontent « une sous-vie, une survie, une autre vie. La vie. La vie comme nous ne la voyons jamais ou si peu ou si mal[1] ».

---

1. Seuil, coll. « Points Actuels », 1979 et 1980.

Célébration du quotidien

Colette Nys-Mazure ne nous entraîne ni « vers l'Asie » ni « en Océanie ». Elle préfère nous écrire d'une cuisine, d'un balcon, d'un silence, d'un matin, d'une solitude, de la patrie des textes... Mais quel voyage ! Choisir la couleur d'un vêtement, préparer une tasse de café, ranger une photo, écrire une lettre, recoudre un ourlet, cuisiner une tarte, laver une salade... La vie. « La vie comme nous ne la voyons jamais. » La souffrance à vie. La maternité à vie. La poésie à vie. La vie visitée. La vie transfigurée. La vie étonnée d'être en vie. La vie à l'heure de notre mort.

La mort habite doucement, fortement, cette *Célébration du quotidien*. La mort d'un père, d'une maman. « J'avais sept ans, l'âge que l'on dit de raison (...). J'ai appris d'un coup combien la mort est imminente, surprenante. J'ai compris une fois pour toutes que n'importe qui (même ce papa fort, rieur, invincible) pouvait mourir n'importe quand. »

La mort, quelquefois, peut être annoncée. Comme celle d'Élisabeth, « mon amie qui va mourir ». Si présente, si vivante au long de ces pages. Élisabeth qui rythme et ponctue le récit, de la dédicace jusqu'aux derniers mots. Élisabeth et le temps des cerises. Élisabeth en son jardin fleuri. Élisabeth, *El-i-shèba*, « mon Dieu est plénitude », disent les uns. *El-iseb-a*, « Dieu l'a juré », prétendent les autres. La visite de Colette à Élisabeth m'autorise à emprunter un troisième chemin. En se rendant chez sa cousine qui attend Jean-Baptiste, Marie passe à Béthel, « la maison de Dieu » en hébreu. Or, El-isa-Beth, c'est Beth-El renversé, plus le diminutif : la petite maison de

Préface

Dieu à l'envers ! Il renverse les puissants de leur trône.

« Je crois à la résurrection, nous confie l'auteur, et c'est même pour cela que je crois à la mort. » Pour cela aussi, que la Visitation de Colette me touche à ce point. « Ne me laisse pas seule », lui demande Élisabeth, « humble, mais pressante ». « Nous ne nous lâchons pas les mains, nous ne nous quittons pas des yeux, si ce n'est pour les poser sur l'herbe coupée et odorante, la grâce d'un cosmos, le bruissement des feuilles d'acacia dans la brise bienvenue. »

« La grâce d'un cosmos » et même d'un *Microcosmos*, je l'ai entr'aperçue en découvrant le film, fantastique, de deux poètes biologistes, Marie Perennou et Claude Nuridsany. De l'aube à l'aube, sous nos pieds, dans une prairie de l'Aveyron, des insectes se lèvent, se lavent, se rendent au travail, se battent, s'endorment... et je n'oublierai pas de sitôt la danse d'un moustique, l'instinct maternel d'une abeille et l'étreinte amoureuse de deux escargots. Pendant une bonne heure de vrai cinéma, l'émotion, l'émerveillement, la révélation d'un monde ordinaire que, d'ordinaire on ne voit pas.

Poète cinéaste de l'ordinaire, de « la quelconquerie des jours », comme dit Jean Grosjean, Colette Nys-Mazure nous entraîne à son tour, de l'aube à l'aube, dans la magie du quotidien.

Avec elle, on célèbre la nuit, la femme, la poésie, les livres.

Avec elle, on taille, on désherbe ou se déleste. On tente de décaper « la couche d'usage et d'usure » et d'être un peu plus à soi.

Avec elle, on se propose d'« accueillir comme

merveille le premier visage : le très familier, si proche qu'on ne le voyait plus ».

Avec elle, on s'enthousiasme, on se livre au feu de l'amour, à la beauté qui sauve.

Avec elle, Colette-du-Matin, et en compagnie de Marie Noël, douloureusement mûries, on célèbre les Heures, on sonne les Matines, on se rend à Laudes... puisqu'au dire de Jean-Michel Frank *le Christ est du matin* :

« J'écris ces poèmes dans l'éclair de l'aube
A l'heure brève.
Prêtez-moi votre oreille et aussi votre cœur,
[musiciens [2]. »

En découvrant *Célébration du quotidien*, je relisais, presque en alternance, *La Règle de saint Benoît*. Parce que le Père Frédéric Debuyst venait de m'en adresser sa nouvelle traduction [3]. Splendeur que cette attention de Benoît aux objets les plus ordinaires, au travail, au manger, au dormir, à « la beauté de toutes les heures du Jour, comme si chacune était déjà une petite éternité... » (Jean Guitton). Et je souriais d'entendre ce grand moine, le Patron de l'Europe, le Père du monachisme occidental, qualifier sa Règle, en post-scriptum, de « petite règle pour les commençants ».

Cette « petite règle », toute de mesure et de discrétion, habite au plus profond *Célébration du quotidien*. A tel point que je m'émerveille de lire sous

---

2. Gallimard, 1981.
3. *Saint Benoît. Un chemin de discrétion*, Cahiers de Clerlande n° 1, Monastère Saint-André, Clerlande, Belgique, 1996.

Préface

la plume de l'ami Frédéric, à la page 7 de son introduction : « S'il faut arriver à suivre ensemble le chemin de l'Évangile, ce ne sera pas dans un effort violent et unique (...) mais dans la grande patience du quotidien. » Et le traducteur, un peu plus loin, de citer Newman : « La prière quotidienne, le pain quotidien, le travail quotidien, un jour pareil à l'autre, si ce n'est qu'il est plus près d'un pas que la veille, de ce jour grandiose qui englobera tous les jours. »

Après avoir lu la « petite règle » de Colette Nys-Mazure, *Célébration du quotidien*, vous verrez, vous serez « plus près d'un pas que la veille », de ce jour grandiose qu'Élisabeth contemple déjà sur la montagne de la Transfiguration.

Gabriel RINGLET

Je vous écris d'un perchoir du bord de mer, d'un balcon juché au sommet d'un immeuble, d'un point de vue de mouette sur la marée, haute à cette heure. Ce n'est pas un matin glorieux, un de ces matins où le ciel et l'eau conspirent dans l'exaltation des commencements infinis. Non ! la chape grise des nuages, à l'horizon, se confond à l'autre étendue d'un ton acier à peine plus soutenu. Le soleil ne vient pas lancer ses premiers rayons sur la crête des vagues ; aucune promesse ne jaillit de l'écume et les goélands se massent, en banc taciturne sur le sable terne.

D'ici et de maintenant

Ce n'est qu'une femme occupée à tailler une large tranche de poésie dans le pain tout chaud des jours.

J'AI besoin de vous écrire. Je souhaite correspondre avec vous. Une envie obstinée de partager les plaisirs et les peines du chemin quotidien. Dans ce monde, il fait de plus en plus froid, de plus en plus seul : que la parole et les gestes circulent entre nous ! Si la mesure de nos pas diffère et si nous ne butons pas sur les mêmes cailloux, notre aventure n'est-elle pas commune ?

J'écris volontiers à ceux que j'aime. La lettre – non pas *le courrier* mais *la correspondance* – est un mode de communication modeste et juste. En vous adressant une lettre, je ne risque pas de vous déranger comme le ferait un coup de téléphone intempestif ou une visite inopportune. Lorsque vous la trouverez, rien ne vous oblige à l'ouvrir ; ce sera comme si vous ne l'aviez pas reçue. Rien ne vous force d'ailleurs à la lire tout de suite, vous pouvez différer la rencontre, choisir le moment qui vous convient, la relire où bon vous semblera.

Célébration du quotidien

Je voudrais vous parler de deux ou trois choses qui me tiennent à cœur ; je désire aller plus loin, plus profond et je comprendrai peut-être mieux en creusant avec vous. Je cherche aussi le ton, ni trop haut ni trop bas. Je ne sais comment vous rejoindre là où vous êtes. J'ai résolu de vous écrire au rythme de cet été, pareil à bien des étés de chez nous, scandés de soleil, de pluie, d'éclaircies brutales et de vents gris. Un été attendu, espéré, pour casser la mécanique bien huilée du travail hebdomadaire ; un espace où prendre le temps d'être, de rencontrer vraiment ; une saison de fête, voudrait-on, mais viennent souvent l'assombrir les accidents, les imprévus et les imprévisibles de chaque instant.

A voix mesurée

Le ciel bleu et le plaisir continus n'existent que sur photo couleur retouchée, dans les publicités de clubs de vacances. De toutes façons, nous savons bien, nous les femmes, que vacances ou pas vacances, il nous revient d'entretenir le lieu de vie, de nourrir les nôtres, de laver le linge, de ranger, balayer et remplacer les fleurs fanées. Quelle que soit la date au calendrier, on fera appel à nous pour garder un enfant, rendre visite en clinique, résoudre un problème. Sans hésiter, nous nous lèverons, nous saisirons un lainage au passage et en route ! Vacances, temps mythique.

J'ai donc cette envie brûlante de vous écrire, mais je tâtonne... Trop de choses à écrire et je ne trouve pas les mots du commencement. *Célébrer le quotidien*, cela va de soi, me disais-je, puisque je l'aime. J'en apprécie le soutien modeste, indéfectible. Attentive aux mille détails de chaque jour, je ne le trouve jamais routinier. Sous la surface uniforme, monotone, je décèle ce qui change, presque d'heure en heure. En filigrane de l'expression composée des visages connus ou inconnus, je puis discerner ce qui se trame. Les événements anodins masquent leur signification profonde. Rejoindre le cœur.

Si nous étions présents à nous-même, si nous ne nous absentions pas en regrets ou désirs, nous dilaterions notre existence, nous ne perdrions aucune parcelle de vie. Nous ne nous étonnons pas assez, nous ne nous émerveillons qu'occasionnellement. Histoire d'éveil et question d'usure. Alors, pour moi comme pour vous, j'ai entrepris une célébration de ce quotidien décrié, ignoré, délaissé.

Prodige ordinaire

A dire vrai, j'ai toujours éprouvé une méfiance naturelle à l'égard de ce qui sort de l'ordinaire et pourrait ressembler à du toc, du tape-à-l'œil, de l'imposé. Je préfère les habits de tous les jours aux vêtements du dimanche, j'y sens la vie moins gênée aux entournures. Sans protester en jetant les bras au ciel *De nouveau la rentrée des classes ! (ou le nouvel an ou les soldes d'été)*, j'éprouve de la tendresse à l'égard de ce qui revient avec une émouvante fidélité. L'extraordinaire brille de tous ses feux – feux de Bengale vite éteints – alors que la braise du quotidien rougeoie loyalement.

> Vous avez vu un événement ordinaire
> Un événement comme il s'en produit chaque jour
> Et, cependant, nous vous en prions,
> Sous le familier, découvrez l'insolite,
> Sous le quotidien, décelez l'inexplicable,
> Puisse toute chose dite habituelle vous inquiéter.

L'exhortation de Bertold Brecht entretient ma conviction intime. Avec notre habitude de vivre à fleur de peau, de nous satisfaire de peu, nous négligeons les richesses de chaque instant, celles qui sommeillent dans un visage, un objet, un paysage ou les gestes les plus élémentaires. Il y a dans le vert des feuilles de salade, la rondeur d'une pomme, le parfum robuste du thym, le frémissement de la glycine, le bruit des pas espérés, le souffle des êtres chers, une puissance de vie qui, sans avoir la violence des événements imprévus et moteurs, fait naître et renaître sans cesse la force d'avancer, de recommencer, de croître sans rancœur ni amertume.

En toute conscience

Je mesure le privilège de pouvoir m'y attacher, m'y attarder alors que tant d'êtres sont aveuglés par le mal, la souffrance, le désespoir. J'aurais peur de les blesser, de paraître artificielle ou inconsciente. Si je cherche ma voix, ce n'est pas pour m'écouter écrire, mais pour que nous nous entendions et que nous nous reconnaissions. Ce

D'ici et de maintenant

n'est pas facile. J'ai envie de vous écrire, mais, entre enfants, petits-enfants, amis, parents, inconnus qui surgissent, entre impromptus et déplacements, mon travail est en miettes Ma célébration n'aura rien de triomphant ; les grandes orgues ne résonneront pas. J'ai un faible pour les fêtes plus intimes, les éloges à voix plus mesurée, le chant de ma petite-fille qui fredonne tout en jouant à la dînette à mes côtés. Pas de cuivres mais une musique de chambre, une célébration à la mesure de la vie miraculeuse et modeste.

Cette lettre que j'aurais voulue d'un seul élan, comme un trop-plein jailli du cœur, comme une longue phrase amicale et bien balancée, elle sera morcelée. Telles nos existences que nous tentons en vain d'organiser et qui s'émiettent comme le pain à donner aux oiseaux. Je vous écrirai chaque jour, je le promets, mais comme je le pourrai, tantôt à l'aube et tantôt entre deux repas ; près de mon amie malade ou dans la salle d'attente d'une gare ; de ma maison de livres et d'amitié ; d'un appartement surpeuplé au bord de la mer écumante ou à bord de la nuit. Une lettre pauvre, souvent mal fagotée, avec des redites ; des mots au fil du cœur et des yeux, mais qui, je le voudrais tant, vous toucheront là où vous êtes.

Je vous écris d'ici et de maintenant.

HIER après-midi, j'étais dans le jardin d'Élisabeth, mon amie : elle avait supporté mieux que d'habitude la séance de radiothérapie matinale. Elle se sentait capable de travailler un peu à la traduction en cours, de m'accueillir ailleurs qu'à bord de son lit. La force d'aller chercher deux coussins dans la remise, d'en garnir les fauteuils bleus et rouges sous les bouleaux. L'initiative de m'offrir un ravier de cerises noires et dodues ; le plaisir de les savourer en saluant la beauté des capucines dans le bac en pierre, le massif de roses et, plus loin encore, le champ de blé lumineux sous le soleil d'aplomb : elle m'en faisait remarquer les craquements caractéristiques des périodes d'extrême sécheresse. Les ramiers roucoulaient, des papillons passaient et repassaient. Douceur de l'instant entre soucis et douleurs, malaises et préoccupations légitimes. Que rien ne nous en distraie, jamais.

Hier elle m'a donné, non pas une leçon (ce mot la ferait bondir), mais une envie de vie. Elle m'a communiqué par simple contagion le goût d'un ici-maintenant délicieux dont rien ne peut ternir l'éclat. A 9 h, elle était à l'hôpital, en dure compagnie d'autres malades, dont certains plus atteints qu'elle-même et, à 15 h, elle était dans ce jardin avec moi. Nous lie une vieille amitié d'études, de maternités, de travaux divers, de lectures ; une relation nourrie, entretenue au fil des jours, et non une commémoration d'un temps défunt ou dépassé.

D'une cuisine

Dans la cuisine nocturne, sous le néon cru et bourdonnant, tu ne verras rien qu'une femme à l'écriture. Elle a repoussé une assiette, trois verres, les reliefs d'un repas et rafraîchi la place de son cahier.

Au dehors il se peut que le vent tournoie et terrifie, que des paquets de pluie se plaquent au béton aveuglé ; sans doute la neige mûrit-elle sous le froid, les étoiles deviennent-elles piquantes ; à moins que l'immonde ténèbre n'enserre l'univers dans sa poigne acérée.

Elle penche la tête comme ceux qui souffrent ou réfléchissent mais, sous le crayon courant entre les lignes, tu pourrais, tapi derrière elle, surprendre l'écume des vagues, quelque visage caressé, un arbre que l'été foudroie, le récit de ta propre peur. Avec ses mots agiles elle saisit la vie à la gorge pour lui faire rendre âme et images, la sorcière.

JE vous écris d'une cuisine.
Difficile de parler de ce qui tient au cœur, de ce qui touche de si près que, le nez dessus, nous ne le voyons plus ! Cette poussière d'événements qui forment la trame d'un jour parmi les jours, ces objets familiers sur lesquels se posent nos mains, nos yeux ; ces gestes habituels presque machinaux, ces paysages aux fenêtres, tout ce tissu modeste et sûr du quotidien. Le célébrer, en faire un éloge vibrant friserait-il l'hyperbole ?

La maison

Non pas *ma* maison mais *la* maison, article défini excluant toute équivoque, plus fort que le possessif enfantin. *La* maison, celle qui me fonde et qui m'habite. S'y enracine la sensibilité à des odeurs, à certains touchers – attirance et répulsions chevillées à l'être. Le bois éraillé d'une rampe d'escalier, inscrit dans la paume de la main ; telle touche de lumière à l'angle de la journée ; le froid d'un pavement à losanges verts et bruns sous la plante des pieds ; la pointe d'ail d'un bouillon de légumes ; l'écho d'une voix en allée, jaillissant du seuil : *Il y a quelqu'un ?* Il y avait presque toujours quelqu'un, quelqu'une, pour vous accueillir au retour des camps, des équipées, des aventures, des déboires. Pour sourire, panser plaies et bosses, écouter, apaiser. Forteresse. Oasis. Cette maison enfouie qui bouge au tréfonds de nous, c'est *la* maison qu'à notre tour, nous rebâtissons pour d'autres.

Elle se dresse alors que nous méditons devant la tombe de ceux qui sont partis pour la Grande Maison. A la mort de nos parents, trois cousins prêtres avaient rédigé le texte du souvenir mortuaire. Une phrase : *Papa, Maman vous attendent au terme de longues vacances*, a incarné la promesse des retrouvailles. Est-ce pour cela que toute demeure dissimulée derrière un rideau de verdure me fait battre le cœur ? Ils sont là, à la maison, ils m'espèrent.

Le saint des saints

Et, dans *la* maison, la cuisine. J'aime qu'elle s'ouvre sur le dehors : jardin, mer, montagne, square ou rue, peu importe. Mais que la vie changeante vienne s'appuyer au carreau, qu'on puisse poser sur une marche ou un rebord en pierre du

D'une cuisine

pain pour les oiseaux, du lait pour un chat ; pousser le battant de la fenêtre et tendre la main vers la lettre, les cerises du voisin ; qu'on puisse même, en se penchant un peu, offrir la joue à la bouche affectueuse. Je me réjouis des cuisines en bois, comme un peu de forêt dans la maison en briques, une douceur d'écorce.

Aucune cuisine n'est assez vaste pour accueillir tous ceux qu'impressionnent à leur insu la salle de séjour, le salon, et que mettent en confiance l'épluchage des légumes, la cuisson d'une ratatouille. Recevoir dans sa cuisine, est-il signe de confiance plus vif ? Les enfants le savent bien ; ils pêchent au passage une pomme de terre brûlante dans sa robe des champs, un haricot ébouillanté. Ils s'épanchent au dessus d'un chocolat chaud ou d'une confiture fraîchement mise en pot. Ils avouent et s'avouent entre deux kilos de pois à écosser ou interrogent en garnissant le plat.

Accueil et refuge, pour soi d'abord. Dans les cafards comme dans les détresses, ce réconfort sans emphase que drainent avec eux les gestes domestiques ! Laver la salade, battre les œufs, peler les pommes pour une compote, couper des oignons et les faire rissoler. Le cœur a beau être gros à en éclater, la tête lourde et la gorge serrée, les mains adroites s'activent, rincent, épluchent, pétrissent, découpent et placent, entraînant l'être tout entier dans leur mouvement, après l'avoir arraché à la terrifiante paralysie du malheur, à son inertie. Faire quelque chose, une chose, serait-ce la plus insignifiante, plutôt que de céder à la fascination du vide, plutôt que de s'abîmer. Même si les mains vont automatiquement, comme on conduit une voiture sans y penser, l'esprit ailleurs, même si elles semblent détachées du corps, elles vont.

Plaisir naïf, sensuel, élémentaire de cette omelette baveuse, de ce gratin doré, de cette menthe odorante, de ce chou-fleur grenu sous les doigts, de ce bouquet sauvage posé sur le chêne. Le regard s'éclaire malgré lui, malgré soi ; une espèce de chaleur, de sourde satisfaction, monte de la vaisselle rangée, de l'évier étincelant, de la table dressée. Un équilibre s'ébauche ou se rétablit.

Les désarrois peuvent s'ancrer dans ce paisible rituel, trouver la consolation des objets familiers. Le bol épouse la main désemparée, la croûte du pain gratte la joue qui s'y appuie, les oranges luisent, goguenardes, entre les poires ventrues et prêtent à sourire. Les choses nous lâchent moins facilement que les êtres, nous demeurent, alors que tout semble s'évanouir autour de nous. Comment résistent ceux qui vivent à longueur d'année en collectivités et ne disposent pas de ce lieu maternel, sa fumée, sa buée, ses ventres de casseroles, ses coins de table où tailler une tartine et une bavette ? Bien sûr ! les cuisines se salissent : le lait déborde, la tasse de café se renverse, les fumées noircissent murs et plafonds, et toujours assiettes et couverts s'accumulent au bord de l'évier et les mouches se noient dans le miel et les fourmis serpentent vers la coulée de confiture. La cuisine est un corps : assimiler et éliminer, engranger et éjecter, triompher et capituler. Un creuset dans lequel vie et mort marient leurs accords. Les odeurs de friture ou de brûlé nous font ouvrir grand la porte sur l'air pur ; les parfums de cuisson de tarte aux pommes caramélisées ravivent l'enfance.

Au plus proche

Vous le sentez, rien d'extraordinaire, donc. Je vous écris quelques lettres dans le décousu de ma vie. Vous les abandonnerez sans doute sur le banc ou le bord de la fenêtre. Vous aurez raison : ne pas s'encombrer. On ne garde que quelques lettres, celles qui nous aident à vivre, des lettres d'amour et l'un ou l'autre faire-part.

Dans un univers aride et dur, la célébration peut sembler naïve, bornée, bourgeoise (« Intérieurs » à la Vermeer, à la Bonnard), mais je ne voudrais perdre de vue aucun des extrêmes de la chaîne, ni l'amer ni le doux, ni le vide ni le plein, tenter de garder les deux en un seul regard. Vous objecterez : *il est facile d'aimer le quotidien quand il n'est qu'un repos entre des plages de vie mouvementée ; que feriez-vous si votre vie était monotone, monocorde, gorgée de riens ?* Il n'y a peut-être pas de petites choses, seulement des choses vécues petitement.

J'entends les voix goguenardes et pourtant je m'obstine. A travers vents et marées, j'entends proclamer que le jour à jour, le quotidien le plus quotidien, le pain aussi bien que le matin, la cuisine comme la cage d'escalier, la rue familière autant que le passage du facteur méritent reconnaissance : les reconnaître et leur dire merci. Serait-il plus noble de se passionner, par écran interposé, pour les problèmes mondiaux plutôt que pour la vie ordinaire, sous le toit d'une maison ? Toute à ma déploration du malheur de l'univers, est-ce que je ne risque pas de rabrouer l'enfant qui suce son crayon à mes côtés, de négliger sa question ?

Comme un ventre de femme

La femme connaît la durée de l'obscure gestation qui mènera au travail de l'accouchement, à la mise au monde ; aucun de ces instants qui participent à l'élaboration d'un être ne lui semble banal ni indifférent ni insignifiant. Pour cette femme enceinte, à l'écoute de la métamorphose s'accomplissant en elle, il ne s'agit jamais de « tuer le temps » qui la sépare de la naissance ; il luit au loin comme une étoile parfois nimbée d'effroi ; aucun instant mort dans cette marche ; son désir l'anime sans impatience ; la joie secrète l'illumine du dedans.

Au sein du couple qui s'aime, persiste et dure, le travail de maturation est l'envers exact du papillonnement qui se disperse, s'éparpille, miroite, sans jamais pénétrer au cœur du mystère. Qu'est-ce que je connaîtrais de l'être qui m'est le plus proche si je ne lui voue pas une attention passionnée ?

L'année liturgique dévide le temps ordinaire entre la Pentecôte et l'Avent ; pas question d'atonie ou de morosité, mais d'amour vigile et traversé. Les jours de fête ne sont pas une rupture dans la trame du temps ordinaire, mais l'émergence de sa richesse, comme le trop plein d'une

D'une cuisine

nappe phréatique nourricière. Fête de l'âme qui entraîne celle des corps.

Ce n'est pas la répétition des gestes et des mots, l'hallucinante succession des saisons qui nous use mais notre absence à cette marche, notre défaut de présence à ce miracle continu. Faut-il avoir été dépourvu par le fait de la guerre, d'une catastrophe publique ou privée, d'une maladie, d'un exil, faut-il avoir été sevré de cette nourriture quotidienne, de cet accord, pour en ressentir le prix ? Serait-ce une question de nature, d'aptitude innée au bonheur d'être ici, maintenant, de ne rien gaspiller ?

Mais même à ces bienheureux de la quotidienneté, il est parfois ravi le secret. La balance se dérègle si aisément, le lot de peines pèse plus lourd que la part de joie ; le goût des larmes l'emporte sur le rire ou l'appétit de plaisir étouffe la voix secrète de la compassion. Alors nous tournons en rond, nous nous défaisons maille à maille.

Je regarde les photos au mur, les chardons bleus dans le vase, le dessin maladroit et coloré *pour toi* ; je vais boire un verre d'eau fraîche, croquer une pomme, tourner la sauce Béchamel, chercher sens et saveurs.

J'aurais pu m'installer sur une marche, célébrer l'escalier, colonne vertébrale de la maison, voie centrale, poste d'observation, passage et refuge. Je vous écris d'une cuisine.

*A*VANT-HIER, dans ce même jardin qu'entretenaient gaillardement ses enfants, je lui avais apporté l'hostie reçue pour elle à la messe : son émotion et la mienne autour de ce geste substantiel. Ses larmes reconnues et mon engagement tacite, la main posée sur son genou : Tu peux compter sur moi, jusqu'au bout, et après. La communion. Une guêpe indiscrète, un appel : Maman, qu'est-ce que je sers comme apéritif ? Le retour à l'instant serti dans la verdure. Avec les nôtres rassemblés, nous avions bavardé, plaisanté.

Il y a, il y aura toujours le jardin d'Élisabeth. Il nous arrive, en vivant certaines pages de notre vie, cousues, reliées à celles des autres, de savoir, comme une évidence, que ce moment, ce lieu, se gravent à jamais en nous. Nous pourrons y revenir pour y puiser forces et ferveur. Ainsi habiterons-nous ce jardin, ces jardins superposés à travers le temps et qui s'emboîtent les uns dans les autres, comme autant de poupées russes, de matriochkas pareilles à celles, rapportées de Moscou, qui garnissent une étagère de nos bibliothèques jumelles.

D'un matin

tu sais qu'ailleurs des hommes crient à ciel ouvert, des femmes affrontent l'épouvante, des enfants s'étonnent indéfiniment
   tu sais que sous toi tourne la terre dans son brasier d'astres   mais   ici   rien   ne   bouge   clair obscur   nœud de la chambre   rempart d'un corps tranquille
   tu es d'ici   tu es d'ailleurs

JE vous écris d'un matin.
Aussi neuf que le tout premier matin du monde. Comme alors, les chênes, les hêtres, les peupliers bruissent dans le vent léger. Le ciel à l'est s'allume et se colore d'ocre rose. Une sourde jubilation investit le jardin ; les chants des oiseaux s'élèvent d'un ton. Déjà, les plus hautes marguerites captent les rayons qui viennent frapper le mur de briques inégales, marquées de salpêtre, enlierrées.

Une allégresse s'empare des massifs de fleurs : les pétunias vibrent, contenus par leur bordure ; les tagètes brillent, auréolés des premières mouches à miel ; les orties semblent encore inoffensives. Roucoulements des ramiers ; le roulement de l'autoroute en fond continu. La table en bois peint, la balançoire, deux chaises abandonnées, tête-bêche, et un cheval à bascule, patientent dans

Célébration du quotidien

la pelouse : la vie suspendue. Le quotidien s'offre à portée de sens et d'âme, comment lui résister ?

Il arrive que je ne prenne plus la peine, le plaisir de m'y attarder. La multitude de tâches à accomplir réduit la beauté à un décor lointain. Par ma propre faute, je n'y ai plus accès. Protestation véhémente d'un merle batailleur. Cette fois ce sont les capucines orange et jaunes qui étincellent, rafraîchies par la rosée nocturne. Oui, tout est là et je vais indifférente, préoccupée. Alors je vous écris à l'aube mais les mots, eux, ne sont pas d'aube : ils charrient hier et la nuit, le triste souci.

Le corps perd progressivement la belle souplesse animale, la sensibilité s'émousse, l'esprit se fixe et se fige sur un nombre restreint de fragments, aux dépens de la foisonnante diversité de l'univers. Où alimenter cette attention vigilante dont je sens bien qu'elle est essentielle à qui veut vivre en plénitude ? Oserai-je aller vers le Dieu de ma jeunesse ? Courir le risque du dérangement, m'exposer à l'émotion ravageuse, avancer intrépide.

Ailleurs des hommes, des femmes s'éveillent devant un mur d'hôpital, des barreaux de prison, une journée à périr d'ennui ou d'humiliation. Ils oscillent entre étonnement et effroi d'être encore au monde ; entre des perspectives heureuses ou de désastreux constats. Sans les connaître, je les sais engagés dans la même aventure que moi. Cette certitude élargit mon expérience privée. Ce n'est pas une fuite dans le réconfort du grand magma où je serais dispensée d'être une personne bien définie, c'est la conscience d'une solidarité, d'une fraternité. Je vis ma vie, étroite et bornée à coup sûr, mais c'est la mienne et je l'aime, je ne veux pas la gâcher.

L'éveil

Dans les camps de jeunes, se survit la tradition du jeu de nuit, ne pourrait-on y instaurer un jeu d'aube ? Chacun à son tour serait invité à goûter la fraîcheur de ce qui naît. Là, se puise une invincible confiance en ces forces de résurrection inscrites dans la vie. A défaut de camp d'aube, j'ai été initiée par la grâce du père de mon père. Il se levait de grand matin, ce qui avait le don d'agacer sa femme : *Mais qu'est-ce que tu peux faire si tôt ?* lui lançait-elle du lit conjugal ; elle se retournait, rageuse, vers le mur. Moi, logée pendant les vacances d'été dans la petite chambre contiguë, je ne perdais rien de la scène rituelle et, si j'avais pu le faire sans passer par la chambre des grands-parents, j'aurais été voir, moi, ce que faisait Bon-papa. Je ne pouvais que l'imaginer, réfléchissant dans la cuisine ou debout devant le haut écritoire. Parfois, je l'apercevais par la fenêtre, assis sur le banc contre le mur de la cour pavée, occupé à fumer sa première pipe. Pour les enfants, mystère des conduites adultes.

Je me sens proche de lui, moustaches en bataille et regard tendre sous les sourcils broussailleux, tandis que je ruse pour n'éveiller personne dans la maison en me levant moi aussi à l'aube. A chaque fois, la stupeur du réveil : je suis vivante, je suis au monde. En ce bref instant, s'épanouit la conscience précaire du présent, tel un cadeau sans prix. Un jour de plus, un jour comme un autre, pris dans le tissu continu des jours sans relief apparent, mais un jour à moi, un jour à vivre au milieu des autres, sur cette terre.

A quel niveau d'assoupissement se déroule le fil de notre existence pour que nous soyons blasés ? Dans cet intervalle qui sépare le sommeil de la première action, s'aiguise l'affût de chaque sens. Rai de soleil sur la peau ou la tapisserie, bruits familiers qui nous établissent dans le concret et la durée. Même si, telle un éclair, la pensée d'un événement désagréable ou redouté marqué au calendrier de ce jour – un examen à passer, un traitement médical pénible, une rencontre inquiétante, une démarche humiliante, un travail difficile – vient créer un désarroi, corrompre cet élan, ce miracle a eu lieu ; il a suffi pour raviver notre goût d'être ici maintenant. La source du matin.

Le monde appartient à ceux qui se lèvent tôt me rabâchait-on. J'éprouve une impression de modeste et rayonnante souveraineté en m'arrachant aux limbes du lit pour entrer vigilante dans le jour qui point.

Le blanc de l'aube

La nuit a fait le vide et refait les forces. Lever à neuf dans la clarté resurgie. Profusion et sobriété. S'emparer de l'eden regorgeant de fruits bons à savourer et, en même temps, connaître le manque, reconnaître la pauvreté nécessaire pour laisser ouverte la porte à ce qui vient. Je voudrais ne pas rater une formation professionnelle, ni ce

D'un matin

film à voir de toute urgence ni cette session, tous ces possibles, et simultanément je ne veux plus que ma vie aille dans tous les sens, que l'agenda soit surchargé. Je désire m'en tenir à une ligne modeste, à une intuition primordiale. Sans cesse désherber, tailler, arroser : les fleurs périraient sous la végétation envahissante.

Mettons-nous en la présence de Dieu et adorons-le. Me recentrer, non sur moi mais sur la visée profonde. Au lieu de déplorer le manque, l'imperfection, l'inadéquation entre appétit et estomac *(Tu as les yeux plus grands que le ventre)*, me réjouir secrètement de la faille. Non le plein suffisant et insultant, mais la modestie et la souplesse de l'espace vide et qui le restera. Brèches et failles.

Ne ressentons-nous pas notre incapacité à rejoindre comme nous le souhaiterions ceux que nous aimons le plus intimement ? Nous comprenant mal nous-même, nous ne saisissons souvent qu'en creux la raison qui nous fait rater la rencontre ou tout au moins en laisser échapper le meilleur. Retrouvailles tant attendues qui se réduisent à une émotion, sans parole à la hauteur. On reste avec son paquet sur le cœur. On meurt sur son tas de secrets. Avec le compagnon, l'ami, l'enfant, le collègue, ces obscurités souvent douloureuses, mais sans doute fécondes.

Retourner la situation ? Se réjouir que toujours la réalité déborde le récit, que l'expérience soit plus forte que sa relation, que l'échange, négligeant l'aisance de surface, s'opère à un niveau hors de portée, mais tout aussi réel. Partager le silence, signe révélateur de l'amitié. Au-delà du visible, se trame toute une réalité inaccessible à notre émotivité exigeante et vorace.

Comme un tunnel, à travers lequel croire résolument à la lumière promise. Le chas de l'aiguille.

Par tous les temps

Je vous écris à l'aube. Temps noir de l'hiver, encore tissé dans la nuit, silence, cercle intime de la lampe et lainages. Ou aurore d'été, lumineuse, chargée d'oiseaux, au bord du jardin. Pendant deux heures, je suis certaine que personne ne me demandera rien, ni à la porte ni au téléphone ni de vive voix. Espace mien. Laisser libre cours, à quoi ? justement on verra. Il arrive que cette vacance effraie, alors je traîne, je change l'eau des fleurs, je taille et retaille un crayon à peine émoussé, je vais voir si la fenêtre est bien fermée. Manœuvres de diversion dont je ne suis même pas dupe.

Temps de recueillement avant l'éparpillement, le partage. Il y a ce texte sacré qu'on peut laisser infuser en soi, celui que propose l'ordinaire de l'année liturgique. Tant de formes de prières. Rassembler en soi tous ceux qu'on aime, dévider la litanie des noms bien-aimés, en faire le tour mentalement, les imaginer dans leurs lieux de vie et les accompagner de son amour vigilant. Lire et recopier un passage qui parlera à l'un, découper un fragment utile à l'autre, choisir la carte postale qui transmettra l'élan de tendresse. Histoire de liens perpétuellement noués, renoués. Tout ce qui s'entretient sous peine de s'étioler, de se dénaturer, de se perdre si l'on n'y veille. Commencer suppose humilité et confiance. Courage naïf,

D'un matin

hardi. Ce ne sera pas parfait, ce ne sera que cela, mais je m'y emploierai de mon mieux. L'aube a cette virginité des possibles, l'ardeur de ce qui peut être.

Je vous écris d'un matin. De grâce laissez-moi mon territoire !

Au long du trajet en voiture qui menait du jardin de mon amie à ce bord de mer, j'ai écouté des poèmes de Marie Noël. La voix désuète de la lectrice m'agaçait parfois, mais les mots m'atteignaient au vif. Reçus en cadeau, dans la première adolescence, ces textes m'ont imprégnée. Appris par cœur, répétés au long des heures, ils font corps avec moi.

*Au rythme de l'autoroute, les strophes appelaient les strophes que je croyais oubliées, tel ce quatrain d'*A Tierce *:*

> *Rien n'est vrai que d'aimer et que d'aimer toujours !*
> *Tes aimés passeront mais ton amour demeure*
> *Malgré les renouveaux qui te changent de leurre*
> *Et les petites morts des petites amours.*

Sous la maîtrise de l'expression, j'entendais la plainte des découragements, la désolation des solitudes Et cependant la voix chantait, elle chante. Les Chansons et les heures. *Sans doute une des plus belles suites du vingtième siècle, une des plus graves et des plus justes.*

En transit

la gare incertaine vacille dans l'aube
les roues grincent   les portes battent
le froid referme sa mâchoire
                    sur le premier écolier

JE vous écris en transit.
Je vous écris entre deux temps quotidiens.
D'une gare, de ce lieu fugace, effervescent et bruyant. Les vies s'y jouent, s'y croisent et s'y échangent en un fracas étourdissant. Aux aéroports, souvent grandiloquents en dépit des voix susurrantes des hôtesses, à leurs tapis roulants et leurs cafétérias luxueuses, je préfère les courants d'air, les files impatientes des guichets, les corps qui se frôlent, les bars enfumés, la touffeur des haltes ferroviaires. Sur les quais éventés, les gens tombent dans les bras les uns des autres, des isolés hâtent le pas, des enfants pleurent ou s'élancent à la rencontre d'un papa reconnu. Des hommes d'affaires cravatés, portant mallette et téléphone, appellent leur correspondant tout en marchant ; des amoureux s'étreignent du regard. Recroquevillée sous la boîte postale, une clocharde somnole tandis qu'un jeune paumé mendie des cartes

de téléphone épuisées. Une bande de conscrits fêtent la quille. Microcosme

Ici grouille la vie pressée ou divagante. Je peux courir ou flâner. Traverser la foule sans regarder personne, foncer vers le RER ou, au contraire, ouvrir un œil vigilant qui m'évite de bousculer un tout petit, château encore branlant sur ses jambes torses, de lancer mon bagage dans les pieds d'une femme fatiguée, de gêner la circulation des chariots. Je peux porter la valise d'une inconnue à la canne blanche ou tenir la main d'un enfant tandis que sa mère rameute la marmaille.

Au delà de cette gare-ci, j'entends les cris des hommes et des femmes dans le tohu-bohu des exils choisis ou subis. Lieu de l'ordinaire le plus prosaïque, la gare est aussi espace insolite où un homme, menottes aux poignets, se fait tout petit entre deux gendarmes, où les CRS patrouillent inlassablement. Les innocents, les solitaires y dérivent ; les malfaisants cherchent qui dévorer. Vallée de larmes, creuset de joies. Je vous écris d'une gare, de toutes les gares que je fréquente depuis l'enfance, que j'aime en dépit de leur laideur, de leur saleté, de leur musique sirupeuse ou de la raideur administative de certains employés. J'en admire la rigueur au cœur du désordre et j'en chéris les silhouettes innombrables, les flux et reflux, les humeurs. J'y rencontre de jeunes voyous, des filous et des négligents, mais aussi de Bons Samaritains et des saints Martin. Je LE croise parfois.

Je vous écris d'un lieu de transit à l'image de tous nos déplacements, de nos départs salutaires et de nos retours, de nos espérances pimpantes et de nos déconvenues, de notre turbulence perpétuelle. Il faut bouger, partir, changer. Je vous écris entre deux vols, dans ce petit aéroport d'un autre continent où je fais escale le temps d'un plein de kérosène et, qui sait, d'égarer une fois de plus mes bagages. Je ne connais personne ici et personne ne s'occupe de moi. On me tolère parce que mon passeport et mon billet sont en ordre et que j'attends patiemment les indications de service. Voyageuse correcte. Rien à signaler.

Courir le risque

Parce qu'on fait des enfants, faut-il fermer la porte sur le monde ? Parce qu'on a passé le cap du milieu de l'âge, faut-il arrêter de commencer ? Goût du défi. Refus de se limiter à la voie assignée par la tradition familiale. Mais, au pied du mur, assaille le doute. Rendue à moi-même, à mes propres ressources, à la mission qui m'a été confiée. Un souffle d'anxiété m'agite. Je me réconforte *(si on me l'a demandé, c'est que je peux le faire)*, je tâte dans mon sac les feuilles des exposés. Sur le siège d'attente, bercée par la musique d'aéroport coupée d'injonctions en langue fortement accentuée, je prends pitié de moi, poussière lancée dans l'atmosphère ; je préférerais être posée sur une chaise de ma cuisine. Qui m'incite à quitter les miens et les lieux que j'aime ? Là où je vais aucun visage ne m'est familier. Me voici pareille à tant de voyageurs de métier, hommes et femmes que leur employeur envoie par le monde, au lieu de m'en tenir à mon statut de mère de famille en province. Sentiment de plaisir mêlé d'inconfort.

Célébration du quotidien

Redevenir soi, plutôt que madame Unetelle, la mère de, le professeur en ; débarrassée des étiquettes, sans ce fatras parfois choisi, parfois imposé par la vie.

Parabole des déplacements qui jalonnent notre existence : la garderie, la petite école avant la grande, le couple, l'accouchement, etc. Quitter, risquer, avoir peur de perdre et créer autre chose. Le temps d'angoisse et parfois de panique se situe au milieu du fleuve ; on s'éloigne de la rive familière et on devine à peine la rive à atteindre. La fatigue de l'effort se conjugue à l'appréhension ; elle raidit les membres et réduit la respiration si nécessaire pour garder ampleur à la nage, au voyage.

Par le monde, tant de désinstallations catastrophiques dues aux exodes, aux guerres, à la quête d'un emploi ; souvent dans les pires conditions et l'incertitude la plus totale. Je sais que je suis attendue, courtoisement prévue au programme en dépit d'inévitables ratés. J'aurai chambre et couvert assuré alors que tant de familles cherchent abri. Mais demeure le principe du changement, du déséquilibre plus ou moins prononcé dans la marche des jours ordinaires.

Est-ce que le temps qui viendra, de quitter métier et responsabilités familiales, ressemblera à ce saut dans le vide ? Ce que je vis entre deux vols, n'est-ce qu'une des formes que prend le mouvement perpétuel, avec ses arrachements et ses ancrages nouveaux, ses risques et ses défis ? Sur ma banquette, je me demande ce qui en nous entretient le désir d'aller de l'avant à tout âge et en toutes circonstances. Pour se lever et se mettre en route, il est souvent besoin d'être appelé par son nom. Si nul ne pense à moi, si nul n'a besoin de moi, je cesse d'avoir confiance en moi, d'exister pour moi et pour les autres.

Être d'un lieu, celui de naissance et celui d'élection. S'y déployer au lieu de poser les yeux ailleurs, devant ou derrière. Jouir d'un certain éclat du ciel à telle heure, des saisons, des paysages. C'est une rivière ou une plage, c'est un creux de colline ou une cité, c'est chez moi. Je suis ici, maintenant. Mais avec la même ferveur me déplacer. Pas nécessairement loin, mais changer de point de vue, découvrir tout autre chose, prendre conscience de la relativité, afin de mieux cerner ce qui fait de cet ici un lieu unique. Partir pour mieux retrouver.

Me mettre à ta place

Autrefois j'ai vu un film qui donnait à saisir le monde au niveau des yeux d'enfant : plinthes des appartements, pieds de chaises ou de tables, bas de pantalons ; les voix descendaient de leur perchoir et envahissaient l'univers au ras du sol. Étonnant renversement des perspectives, invitation à mieux comprendre dans quelle réalité se déplace le petit d'homme en ses commencements.

Quand les enfants étaient en âge d'école, adolescents, jeunes gens en colère, je m'installais parfois dans leur chambre, à leur table de travail, je m'étendais sur leur lit. Non par indiscrétion, mais pour tenter de voir le plafond, les murs, le spectacle à la fenêtre, de leur point de vue. Percevoir

Célébration du quotidien

les odeurs, les bruits de la maison, de leur poste d'observation ; en capter les harmoniques et les cacophonies irritantes. Aujourd'hui, il m'arrive de travailler dans le bureau de mon compagnon afin de m'imprégner de l'atmosphère qui l'environne Sur quels objets, quelles photos s'attarde son regard ? Lorsqu'un stagiaire étranger ou un étudiant prend mon relais le temps d'un cours, je redeviens élève au fond de la classe et je reconnais cet espace à partir d'un autre lieu que celui que m'attribue ma fonction, je tends l'oreille pour saisir la fin de la phrase trop sourde, je me hausse pour déchiffrer la dernière ligne du tableau. Changer de place à table, régulièrement, que ce soit à la salle à manger, au bureau ou chez des amis, entraîne aussitôt d'autres relations avec les partenaires. L'intervention chirurgicale ou la maladie qui vous allonge et vous soumet aux gens debout, implique elle aussi un renversement salutaire de perpective. Le déménagement, l'exil provisoire ou prolongé remettent tout en place et en question.

Bouger, quitter sa vision et ses certitudes afin de nuancer ses positions, évoluer. Je suis si souvent prisonnière de mes préjugés innés ou acquis, incapable de communier vraiment à la souffrance ou à la joie d'un autre, à ses interrogations. Même les plus proches nous demeurent opaques tant que nous n'essayons pas d'emprunter leur point de vue. La souffrance des autres est toujours légère, justement parce que nous ne la devinons pas, incapables de nous arracher à notre égocentrisme. Nous ne voyons pas plus loin que le bout de nos habitudes. Tous enfermés dans notre « étroite peau » comme dirait Andrée Chedid.

Changer d'air

Aller voir les films que nous recommandent nos enfants, c'est entrevoir ce qui les touche, les conditionne aussi ; entrer dans leur orbite au lieu de tenter de les garder dans la nôtre. Bienfaits de l'air et du paysage qui élargissent l'espace confiné et relativisent les conflits intérieurs. Sortir. Marcher le long de la mer à marée basse ; le sable élastique et ferme sous le pas communique une souplesse allègre. Air, vent et soleil. Le corps se réveille, se redresse. A l'heure des larmes, promener le petit sous les arbres, au long du fleuve. Aller paisiblement avec l'adolescent en difficulté, l'amie en deuil intime ou le révolté, le désespéré ; le regard direct les embarrasserait, la marche parallèle permet la parole impudique ; les interventions du dehors dissipent la gêne, fournissent des diversions. Rendus à l'espace, délivrés.

Arrachée à mon quotidien, j'y suis aussitôt renvoyée puisque partout se recrée un rituel ; l'enchaînement de gestes élémentaires qui rassurent. Ne transportons-nous pas notre coquille ? Me soustraire au quotidien pour mieux le redécouvrir ensuite, mais aussi pour comprendre qu'il est un passeport vers les « autrui » du bout du monde.

Je vous écris en transit, en mouvement.

MARIE Noël. Poète. Femme parmi les femmes, morte depuis longtemps ; son chemin en croisait tant d'autres dans l'ombre modeste et provinciale. Elle resurgit, fraîche comme au jour de l'écriture. Sa musique enchante le trajet en voiture qui me pèse tant d'ordinaire. Au bout de la bande, je suis retournée en pensée dans le jardin d'Élisabeth, en juin, il y a deux mois. Elle était déjà très atteinte et le savait. Elle vivait l'épreuve des séjours en hôpital, des traitements pénibles et de leurs effets secondaires, du mieux qu'elle pouvait ; avec lucidité, courage, découragement parfois. Elle maintenait encore, autant que possible, ses activités professionnelles ; elle continuait à lire, à s'intéresser à la vie sociale et culturelle. Elle disait Je n'ose plus faire de projets, mais elle allait.

Autour d'elle, les proches et les amis, attentifs, vigilants. Cet après-midi-là, elle avait invité les plus fidèles à un goûter dans son jardin fleuri. Pourquoi est-ce que j'écris avait ? Elle a. Tout demeure : je peux utiliser le présent. Les voilà, sous les ombrages, huit femmes rassemblées autour d'une table dressée avec soin, de tartes aux fruits et même d'une bouteille de champagne, pour célébrer son anniversaire.

Chacune connaît le prix de cette halte bienheureuse, de ce répit dans la marche du temps. La semaine prochaine, ce sera à nouveau la perfusion qui cloue au lit, l'espoir au compte-gouttes ; chacune le sait, mais d'un commun accord, n'en parle pas. Je la regarde à la dérobée, présidant la table de fête. C'est son heure de royauté, comme chaque humain peut en espérer quelques-unes dans son existence.

Aujourd'hui c'est l'instant de grâce, dans cette pleine conscience qui avive la qualité de présence et de joie intime. Au soleil de juin, la vie et la mort font alliance. La reconnaissance circule comme un baptême. Jardin à la Monet. Célébrer les commencements et les départs ; ne rien laisser s'enliser dans l'insignifiance.

D'une vie de femme

Elle s'en va parfois. Loin des autres, tous. Se donne congé, se livre à elle-même au ventre d'une maison très étrangère, le long d'une berge, au feuillu des forêts. Se retire pour éprouver si la vie la traverse encore. Faut-il émonder, greffer, tailler ? Table rase. Autour d'elle, murmure, soupçons. Elle n'en prend pas ombrage. Qui éclairerait-elle si elle n'y voyait plus ? Elle glisse en ses limbes. En remontera un fil ténu ou de bruissantes étoiles.

Je vous écris d'une vie de femme

Elle a la tête sur les épaules, dit-on. Elle l'a aussi dans les nuages, parfois même dans les étoiles. Le plus souvent dans l'armoire à provisions ou dans la machine à laver : elle se penche vers le hublot pour happer le linge à faire sécher, repasser, vérifer, ranger. Elle a les mains dans l'eau froide de la salade, l'eau trop chaude des vaisselles, l'eau sale des seaux de nettoyage. Elle a les pieds sur terre : dans les mules qui glissent autour des lits d'enfants ou sur les talons des comédies mondaines.

Elle a le corps dru et solide pour grimper et dévaler les escaliers, de la cave au grenier, du parc à voitures souterrain au bureau des allocations familiales ; pousser vigoureusement le chariot entre les rayons du supermarché. Pour étreindre l'homme et abriter ses petits.

Mais parfois elle voudrait être une, être libre et

légère ; sans personne qui pèse ou s'accroche, sans voix qui appelle ou quémande. Courir les mains nues, nager loin, rencontrer pour rien, pour le seul plaisir de l'échange sans intention. Elle aimerait se remembrer. Elle rêve de partager. Tout. Et pas seulement les miettes.

La maîtresse d'ordre

Garçon manqué me surnommait-on, parce que je préférais les jeux des garçons à ceux des filles, le saut et le cache-cache aux soins des poupées. Et cependant j'aime être une femme ; porter les enfants, les pousser au jour, les allaiter et veiller de près, de loin sur leur croissance. Vivre avec autrui sans devoir prouver ma puissance ni assurer mon emprise. Cet acquiescement ne m'empêche pas de déplorer les servitudes du quotidien côté femme : ainsi l'ordre à l'intérieur d'une famille nombreuse et remuante n'a cessé de faire question. Mieux vaut en rire qu'en pleurer.

En ouvrant une porte du secrétaire, une pile de feuillets s'est effondrée. Cette fois, c'est trop. Il faut tout sortir, trier, classer, liquider. Garder le moins possible. Créer le vide pour permettre d'autres pleins. Allons-y pour les grandes manœuvres domestiques. Je vais sacrifier au dieu de l'ordre qui doit régner sur les maisons bien tenues ; il permet une existence simplifiée, renouvelée.

Sait-on ce qu'on fait en touchant ainsi à la vie accumulée, comprimée dans un espace restreint ? C'est tout le passé qui saute au visage, à

D'une vie de femme

la mémoire : photos d'enfants jugées trop peu réussies pour figurer dans l'album de famille et qui restituent des expressions oubliées ; traces de voyages, d'engagements sociaux dont on avait perdu jusqu'au souvenir ; lettres d'amis, morts depuis ; adresses utiles devenues inutilisables ; ordonnances périmées sans qu'on s'en soit porté plus mal ; crayons rongés jusqu'à l'os. On se croit au bout de la boîte aux trésors et les rainures révèlent encore une pièce de monnaie, un souvenir pieux, un cachet d'aspirine émietté. Traces de jours enfouis, enfuis. L'envie prend de s'arrêter à chaque pas, chaque pièce, de relire, de comparer les dates, de mettre en perspective. Mais l'heure tourne et le propos était – il faut que je m'en souvienne et m'y tienne – de faire le vide.

Petite concession : ce que je ne peux vraiment pas me résoudre à détruire ou jeter, je vais l'enfermer dans une boîte à chaussures que je rangerai dans un placard pour le temps où je ne pourrai plus bouger, où je m'ennuierai, où j'aurai besoin d'alimenter ma mémoire... mais ce n'est pas aujourd'hui demain. J'ai besoin de me secouer énergiquement : avance ! Rien ne meurt, tout demeure, quelque part. Faire place pour préparer le lit de la vie, celle qui se presse à la porte. Refuser de s'encombrer, de se figer. Le débat intime est permanent : *Ce catalogue pourrait être utile à un enfant, comme documentation... Alors, donne-le tout de suite, distribue au lieu de laisser moisir ici.*

Célébration du quotidien

Jeter du lest

La manie de l'ordre touche parfois à la névrose, je sais, mais n'est-il pas urgent de se délester ? Et pas seulement de l'arroi, du charroi des choses. Du poids des jours surtout. C'est un véritable travail quotidien. De même qu'on se débarrasse des moiteurs de la nuit en se débarbouillant, s'alléger des vestiges de la veille pour recommencer sans amertume ni préjugé.

D'abord la mélopée lassante des *J'aurais voulu être infirmière ou voyager ou faire des études de sciences économiques ou être mince ou rencontrer un homme qui, avoir beaucoup d'enfants* ou *Je préférais la ville, l'appartement que j'occupais l'an dernier*. Pendant ce temps-là, ne néglige-t-on pas de vivre ce qui est donné ici et maintenant, d'aménager l'immédiat ? A coup sûr, la meilleure façon de se préparer à égrener demain d'autres regrets.

Ensuite celui des griefs, justifiés ou non, des portes fermées et des cœurs durcis : *C'est bien fini, je ne veux plus le voir*. L'énergie mise à ressasser ses accusations entrave la réconciliation qui rouvrirait les vannes de l'échange. Et puis *Il ne faut pas me raconter d'histoire, je sais ce que c'est*. Possible, mais sait-on ce que ce sera ? En verrouillant le présent, on exclut l'avenir et ses métamorphoses.

Ainsi sommes-nous tous à nous replier frileusement sur nos remords, nos nostalgies. Taraudés de désirs insatisfaits, nous boitons dans le présent. A moins que paralysés, littéralement pétrifiés, nous nous découvrions incapables de courir vers l'avenir. Ce sont réminiscences douloureuses et cuisantes expériences, désillusions et rancœurs ou encore savoirs encombrants et références culturelles alourdissantes. Or le présent est là. Le jour se lève sur le monde lessivé à grande eau de nuit. La merveille d'un aujourd'hui à vivre s'ouvre...

Femmes aux yeux fixés sur le jardin d'enfance (celui qui ne se rouvrira plus jamais, si ce n'est dans la mémoire) qui négligent les parterres multicolores du marché, les jacinthes sauvages du sous-bois, les géraniums-lierres ruisselant des balcons de la rue.

> *Se lève, balafrée. Tuméfiée des coups de la veille ; mots qui cinglent, phrases taraudantes. Minuscules couteaux sous les ongles. On m'a dit que tu. Trajet meurtrier des insinuations fielleuses. Ils mentent, elle sait ; mais flotte la fumée. Petit air de médisance, dur assaut calomnieux. Même à distance, brisure en mille éclats. Prendre le chemin de traverse, éperonner la jument et franchir d'un bond les clôtures. Reviendrait vierge. Cela ou la périssoire.*

Comment cultiver la légèreté, l'allégresse ? Cicatriser sans nier, renier la blessure ? Se délivrer des chaînes les plus pesantes, comme des plus subtiles, celles dont on se libère en arrachant un peu de chair ? Faire fi de l'expérience aigre ou satisfaite. Passer l'éponge sur l'ardoise. Le secret serait-il de renouveler à chaque aube le vœu de bonté ? Bienveillance, préjugé favorable, oubli de l'offense, générosité et magnificence, aisance et grâce. Aller vers ce qui vient, les mains nues, le cœur simple, sans anxiété ni impatience. La joie du vif plutôt que le poids du mort.

Célébration du quotidien

Au nœud des contradictions

Je ne serai pas changée en statue de sel ; j'assumerai mes paradoxes : j'y suis résolue.

Toi la dispersée l'éparpillée la multiple
*   femme aux mille facettes*
tu rêves d'unité d'élément simple de roc pur

toi l'écartelée la partagée
*   la conciliante*
*   caméléon du cœur complice*
tu veux le métal le cristal l'épée nue

* tu t'essouffles à résoudre la quadrature du cercle*

Ne plus tenter l'irréconciable mais laisser cohabiter les deux extrêmes en veillant à l'équilibre précaire, toujours à rétablir. Le plein, oui, mais avec un vide où loger l'imprévisible. Le blanc, oui, mais avec le fourmillement des couleurs qu'il met en valeur. Espace de liberté dans lequel peut s'épanouir l'invention sans contrainte, sans calcul, la création.

Au passage du temps
*   tu perds le rond et le lisse*
*   l'intact l'innocent*
au passage du temps
*   tu apprends l'usage*
*   l'exténuement le don*
au passage du temps
*   tu te figes ou tu acquiesces au mouvement*

au feu du temps
*   tu te brises ou t'épures*

Je vous écris d'une vie de femme.

*M*AGIE *de la mémoire. De ce balcon surplombant la mer, je vous écris d'un jardin. Cela ne finit pas, cela revient comme le cycle des saisons, la marée obstinée. D'un jardin, aux côtés de mon amie qui va mourir. Nous allons tous mourir, nous le savons obscurément. Je vais mourir moi aussi ; je l'ai appris clairement en mettant au monde notre premier enfant, en traversant le goulet de la souffrance aveugle qui doute de son issue ; puis en émergeant, en exultant d'avoir suscité un être, tout en reconnaissant avec stupéfaction : je te donne la vie et la mort.*

Je crois à la résurrection et c'est même pour cela que je crois à la mort, à ce passage exigu qui mène d'une vie à l'autre, à ce défilé tellement noir qu'on pense que jamais on n'en sortira entier. Ainsi l'enfant glissant hors du ventre de sa mère, crie à l'air libre, aborde l'inimaginable.

D'un itinéraire maternel

Tant de femmes dorment au soleil
qui se réveilleront à l'automne,
                    transies, effeuillées ;
auront beau crier au voleur,
                              au jeu de dupes !
        C'était hier le risque du printemps.

Je vous écris d'un itinéraire maternel
  J'étudie, je lis, j'écris, je cuisine, je voyage... mais serais-je capable de faire un enfant ? Est-ce que moi je réussirais à fabriquer un être ? Peur séculaire de la stérilité. Hantises masquées. Convoitises.

Et voilà ! fruit de l'amour, par bonheur, un enfant mûrit en moi. Je promène la merveille par la ville inconsciente : qui devinerait qu'un petit d'homme se forme entre les flancs de la fille mince, toute au bonheur de l'annonciation ? Elle plane dans la foule opaque, son vivant secret au ventre.

Ressac du flux humain contre les parois de chair. Petit de moi, perçois-tu déjà mon murmure amoureux, ma tendresse vive ? Pour toi, par toi, je quitterai l'essaim insouciant des étudiantes ambitieuses, des jeunes femmes au miroir. Je cesserai d'être étrangère à cette ville. Mon existence prend sens sous ton gouvernail.

Je vais nidifier au long des neuf mois. Attentive à toi, je vais aller, jamais plus seule, par les rues transfigurées. Ta présence va m'habiter comme la flamme au cœur de la lampe. Détournée de moi, je vais me regrouper autour de toi, visiteur princier.

La péniche s'alourdit semaine après semaine. Lest précieux. Allégresse teintée d'anxiété : vais-je bien fabriquer cet enfant ? Pourrai-je le réussir jusqu'au plus petit lobe de son cerveau ? Mes inquiétudes présentes ne vont-elles pas le marquer à jamais ? Héritera-t-il de mes tares, de mes insuffisances ? Certaines nuits, angoisse comme un raz-de-marée à la pensée de l'accouchement barbare, inexorable qui achève le parcours. Vais-je m'en tirer vivante ? Et lui, supportera-t-il l'épreuve ?

Être devenue une femme de poids, occuper de la place pour deux ou presque. Susciter curiosité, ironie ou respect, mais de toutes façons ne plus passer inaperçue. Le regard au miroir engendre la stupeur : moi, ce corps transformé, ce ballon rond, insolite et vainqueur ? L'enfant pourra-t-il se séparer de moi sans mal et moi, comment vais-je me retrouver ensuite ? Orpheline, vide ? Tout devient question. Comme un contrepoids à l'espérance aveugle qui se fait jour dans la chair jubilante.

Premier accouchement, son lot d'incertitudes et de paniques. Souffrance indéniable du corps supplicié : ce n'est plus moi qui commande, c'est cet autre en moi qui prétend percer la fine paroi et s'expulser d'ici. Un autre désir que le mien se

D'un itinéraire maternel

fait jour et se moque de mes cris rentrés. Un rythme étranger au mien, une pulsion irrépressible s'est emparée de ma chair surprise et va, jouant son propre jeu. Que cela s'arrête ! Qu'on me laisse quelques instants à moi-même ! Que cette douleur spasmodique suspende sa vague et me laisse reprendre air et calme ! Mais qui, parmi les gens en blanc qui s'affairent, entendrait cette demande dans l'urgence qui s'instaure ? Mobilisation générale. Sueur, cheveux collés, joues enflammées. Le corps est secoué de spasmes. Cacophonie lointaine des ordres contradictoires : *Poussez ! Ne poussez plus ! Respirez !* alors que cet étranger, cet ennemi accentue ses coups de boutoir aveugles.

Délivrance, enfin ! Immersion dans un plaisir sans commune mesure : corps rendu à la paix, comblé d'un orgasme inouï, cœur fou, partage et reconnaissance. Petit de nous venu à nous. J'ai donné vie et mort, je me sais mortelle et j'acquiesce. Maillon dans la chaîne.

> *Submergée, débordée sur tous les fronts, réduite. Le corps est grand ; il outrepasse le sien. Et cependant il tient à elle, s'enracine au très creux d'elle. Elle sait ce qu'elle trame à laisser s'enfoncer en elle le nomade, à l'arrimer solidement. La sorcière des sources ; la preneuse, la donneuse. Elle ancre le courant, elle assure l'héritage, elle joue le jeu en chaîne. S'incorpore. Elle élèvera, pour la mort et pour la vie, les petits qui surgiront de ce corps ivre dans le sien.*

Persistance du séisme bienheureux au cours des heures qui suivent. Longs reflets d'une illumination centrale. Comme une intelligence sous-jacente, une compréhension de ce qui jusqu'alors demeurait opaque, énigmatique.

Ainsi, donneuse de vie, je deviens poreuse à ceux qui m'appelèrent jadis à l'existence. Avais-je jamais compris le sens charnel des mots « père », « mère » ? Comment aurai-je pu pressentir la violence de cet élan vers un amour sans conditions, ce don qui balaie les calculs de l'égoïsme ? Hors de la ferveur du sexe et de sa fascination, cette consécration à l'autre, fils ou fille, reçu pour lui/elle-même, accepté(e) dans sa nudité et son hasard, son risque magnifique.

Sur l'être neuf on penche son visage stupéfait. Derrière soi, tant d'autres visages enfuis, penchés sur l'épaule et contemplant ce rejeton. Échelle de Jacob. Ai-je été aimée comme je t'aime ? Surgissent des instants anciens qui semblaient enfouis ; ils se raniment, mémoire revivifiée. Cet homme et cette femme jeunes, dont j'ai émergé, il y a longtemps déjà, sont rendus à ma tendresse comme ils sont rendus à eux-mêmes, dans le regard juste et bon qui suscite et honore. Maman ! Le mot prononcé reprend vigueur et ferveur. Les photos interrogées livrent leurs réponses : ce pli inquiet, cette patte d'oie rieuse aux angles des yeux, cette main suspendue à proximité de l'enfant sur le petit vélo... tout dit l'affection vigilante. Nous partageons le même pain bénit.

L'étale, la bienheureuse suspension du temps. Dans la sécurité de la maternité qui entretient le bien-être et tient la peur à distance ; au centre des soins habiles et ingénieux, une halte est permise avant l'aventure du retour à la maison. Dans cette passe paisible, cette embellie, se construit et se reconstruit l'être pris dans les générations, inséré dans la trame. Une forme d'accomplisse-

D'un itinéraire maternel

ment dont on entend percevoir toutes les harmoniques. Un temps d'intimité avec l'être neuf auquel on se voue. La certitude indéniable de s'inscrire dans une condition qui déjà laisse entrevoir ses contraintes et ses renoncements.

Je suis inscrite en toi
mêlée aux courants
                            vers le large
Pars de moi
        toi qui me prolonges
                sans m'appartenir

Domine l'émerveillement devant cette chose animée d'un souffle autonome, cet être encore replié sur son mystère, son noyau infrangible. Nouveau-né aux yeux le plus souvent clos, brutalement secoué par des vagues de rage affamée. Bouche exigeante, comme une sangsue au sein endolori. Détente repue, sourires d'ange. Ma fille !

Elle a l'odeur de mon corps
elle déplie ses membres pâles
et mon ventre se cabre   orphelin
ma chair hurle sa part perdue
                      réclame son évadée

Combien de jours encore
                douce bouche ventouse
                      cherchant pâture
        mains griffues ou caressantes
                regard noué au mien

L'évidence s'impose : je ne serai plus jamais tranquille. Sursaut au cœur de la nuit : respire-t-elle ? Visage collé au sien pour percevoir le filet d'air délivré. Le soulagement qui rend au sommeil intermittent. Soulevée d'émoi stupéfait :

est-ce bien moi, cette mère ? Est-ce bien nous ? Relation sans merci et sans fin.

> *C'est la vie et la mort, l'autre à l'une intimement alliée, dont je t'ai fait présent à l'instant de ta venue, dans l'émoi et l'effroi du cri initial, petite fille neuve, issue de nous, tissée de tant de gènes, vulnérable et solide. Enclose en moi puis à tous exposée. Vouée à l'espace et au temps.*
> *Cadeau de naissance, Mort ; l'austère, la renifleuse, l'inéluctable ; compagne au long cours, voyageuse en grand arroi ou suiveuse furtive.*

Au nœud du couple novice, le père en question. Quelle place inventer ? Homme désemparé, troublé, privé de ses repères, éloigné de cette accaparée qui n'a plus grand-chose en commun avec la sirène de l'année dernière, la séductrice, le corps pour l'amour fou. Homme confronté à une mère au ventre déserté, aux seins gonflés et fragiles, offerts à l'autre, le tiers.

Autour d'eux trois, la sarabande familiale, amicale, pourvoyeuse d'expériences et de conseils plus ou moins judicieux, parfois aussi encombrants que les emballages cadeau. Laissez-nous donc un peu à nous-mêmes, à notre triangle esquissé, à notre métamorphose. Un couple devient une famille. Qui sommes-nous au carrefour ? Comment ferons-nous pour nous retrouver, nous reconnaître, dans ce bouleversement ? D'autres déjà s'annoncent qui modifient la géométrie familiale.

> *Le dernier-né a vagi. Déjà. Encore. Elle ne débarrassera pas la table avant d'ouvrir son corsage. Vertige. Une heure à soi : courir dans le bois, au bord du fleuve, une plage. Qui suis-je ? Devant elle, cette photo de l'homme rieur et d'elle confondus, sur une place, nom effacé. La tête du nourrisson ivre a roulé entre les seins ; de la paume,*

D'un itinéraire maternel

elle épouse le crâne abandonné, son duvet à peine perceptible ; l'enfant a du lait jusqu'au bout du nez. Qui es-tu ?

Quête d'identité. Comment ferons-nous, comment ferai-je pour travailler au-dehors alors que tant de tâches me requièrent dedans ? Mais, si je perds le contact avec le monde actif, réussirai-je à comprendre mes enfants sollicités par le vaste univers ? Sera-t-il possible d'accompagner leur élan ? Étrange solitude de la femme au foyer, sentiment d'être tenue hors jeu, mise au rancart :

> *Elle debout entre table et berceau. Les aînés envolés vers l'école ; lui, au bureau, à l'usine, sur un chantier du monde. Éparpillement brutal. Vaste désordre. Ses chaussures l'écorchent : elle se met pieds nus. Bouche nue aussi. Et le cœur ? Laisse le cœur. Au-dehors, ailleurs, à côté, très loin, des femmes identiques attendent. Désirent que quelque chose les remette en marche, en voie. Est-ce qu'à cette heure quelqu'un fait l'amour au nid d'une chambre forte ? Elle va à la fenêtre, se penche sur la rue, décape façades et visages. Des méfiances, des verrous, des vernis. Il n'apparaîtra donc personne ?*

Mais, si je reprends le rythme infernal, aurai-je autre chose à offrir aux miens qu'une épave surmenée ? Quel équilibre inventer ? Comment font les autres et où sont-elles, les sœurs d'interrogation ? On cherche son chemin, dans la nuit souvent.

L'inquiétude menace et risque de corrompre l'atmosphère. Et cependant ! Je refuse d'être de celles qui retiennent leurs enfants de vivre pour les empêcher de mourir. Négociations et compromis, remise en question annuelle et journalière. Les données varient et se multiplient. Jeu parfois douloureux entre les pièces de la construction, le bois craque aux jointures, les échardes font crier. Malentendus inévitables et cruels. On oublie que l'on s'était promis de ne jamais dire ou faire cela même qui nous avait fait souffrir jadis. On se surprend à s'exclamer : *Tu m'as fait une peur bleue* au lieu de demander à l'enfant terrifié : *De quoi as-tu peur ?* A ordonner : *Dors* au lieu d'interroger doucement : *Pourquoi ne dors-tu pas ?*

Ne jamais perdre de vue l'intention initiale :

> *Je t'ai transmis la vie*
> *à toi de jouer*
> *Je te bénis*
> *même si tu t'éloignes*
> *au point que je n'aperçoive plus ton sillage*
> *que je ne perçoive plus la musique de ta vie*

Lente école de la discrétion. Je ne veux pas, je ne peux pas tout savoir de toi. Ton territoire t'appartient, tu n'as pas à me rendre compte de ton espace, de ton jeu. Ma vigilance crispée d'appréhension s'arrête à tes frontières. Je suis prête à recevoir ce que tu m'offriras, mais je ne réclamerai rien, je renoncerai même à l'attente impatiente qui agace l'air. C'est un être libre que j'ai voulu. Allons nos routes en espérant secrètement les carrefours, les croisées de chemins, les auberges de rencontre.

> *Dans le métro, à quatre mètres d'elle, elle le découvre tourné vers un inconnu. Elle dévore des yeux ce visage jadis caressé dont elle connaissait par cœur le front têtu, la courbe de la joue, l'arête du nez, les cheveux qui bouclaient derrière les oreilles. Traits aujourd'hui affirmés, marqués, de celui qui fut son petit, qui demeure son fils, et va sa vie, à son insu le plus clair du temps.*
>
> *Elle, incrédule sur la banquette, paralysée par les souvenirs de lait et de miel au point d'être incapable de se lever, de lui signaler sa présence là, derrière lui, alors qu'elle sait qu'il l'accueillerait à bras ouverts. Pourquoi ?*

D'un itinéraire maternel

Peur de s'imposer, de déranger la conversation en cours, de briser un flux d'images resurgies du passé ? Pudeur des mères.

Une certitude s'affirme : leur destin ne peut s'accomplir si je ne vais pas jusqu'au bout du mien, debout si possible. En dépit des passes sombres, de l'affection soudain importune, repoussée :

> *Nous étions venus à vous*
> *les bras chargés de présents*
> *nous courrions au-devant de la fête*
>
> *Mais vous n'aviez besoin de rien*
> *vous n'attendiez que votre dû*
>
> *Nous sommes repartis*
> *toutes joies éteintes*
>   *soudain fourbus*
>
> *Saules effacés dans la nuit*

Non-lieu douloureux et parfois fécond s'il arrache à la maternité trop privée pour ouvrir à une communion moins frileuse et plus vaste.

Besogne sans fin. Maternité à vie. La femme âgée étreignant le cadavre défiguré de son fils de cinquante ans et sanglotant *mon gamin* quelles qu'aient été les tribulations de la route. Le cri du corps-cœur déchiré. Livrer à la mort le fruit de ses entrailles est un accouchement autrement cruel ; il ne supporte aucun commentaire, aucune consolation. Germe qu'il faut laisser pourrir pour quelle résurrection ?

C'était hier, c'est aujourd'hui. La violence des impressions demeure telle qu'il ne faut aucun effort pour rejoindre l'instant ancien. Cependant le trajet est là, son parcours singulier, cette consécration à un être, à d'autres êtres, qui, sous peine de carnage, ne pouvait qu'entraîner dépossession, détachement. Enfant, tu n'aurais pu vivre si je t'avais étouffé sous ma demande, si je t'avais voulu en accord avec mon désir plutôt qu'avec le tien. Pour ne pas peser sur toi de tout mon amour, il me fallait exister pour mon compte, rester la femme de ton père autant que ta mère. Il m'était nécessaire de continuer à tailler ma route dans le monde des hommes pour garder ma place et ma trajectoire.

Compassion universelle. Au journal télévisé, la silhouette anonyme de la Rwandaise, un squelette d'enfant sur les bras. Dans la rue, l'inconnu penché sur le petit qui vient de tomber. Le métro et ses innombrables couples mère/père-enfant. On parle la même langue au-delà des couleurs et des porte-monnaie. Une franc-maçonnerie intrépide.

Mère-enfant. Motif favori des peintres, les Flamands aussi bien que Marie Cassatt. Enfant bourgeois dans un jardin de Monet et enfant de la misère entre les jupes rapiécées. Les artistes rôdent autour du mystère, en saisissent quelques reflets. La part féminine des peintres les rend poreux. Visage éclairé du dedans d'une mère saisie par le pinceau d'un Georges de La Tour ou d'un Maurice Denis.

Avez-vous des enfants ? La question innocente, insidieuse. Supplice pour les mères en désir et les mères privées de leur espérance, les stériles et les mutilées. Les craintives et les délaissées ressassent cette frustration. Vont-elles se replier sur leur déception ? Auront-elles accès à la maternité des âmes et des cœurs ? Leur sera-t-il possible

D'un itinéraire maternel

d'atteindre la patrie où il n'y aura plus ni femme ni mari, ni mère ni enfant, mais une humanité réconciliée ?

Je vous écris d'un itinéraire maternel.

M^{ON} *amie va mourir ; elle s'y prépare en luttant, magnifique ; en reprenant souffle, en ramassant ses dernières forces. Elle compte sur moi pour l'accompagner dans cette traversée épineuse, cette équipée lourde d'inconnu, la souffrance péremptoire qu'il faudra juguler.*

Dans la trame de notre conversation quotidienne, nous tissons les souvenirs lumineux des enfants, des maisons, des aventures et des réalisations, des festins de mots et de vins bien chambrés. Ce qui a été vécu en plénitude demeure et réconforte.

La perspective du mariage de son fils l'enchante aussi vivement qu'elle enthousiasme sa petite-fille. Elle veut y être. Elle tiendra jusque-là.

D'un balcon

J<small>E</small> vous écris d'un balcon.
Au-delà des enfants, qui demeurent à jamais *les enfants*, comme *la maison* reste *la maison*, surgissent les petits-enfants comblant une faim d'arrière-saison :

> *Elle, jouissant du dernier soleil, dans l'arrière-saison tendre et flamboyante. S'allongeant dans le blanc fauteuil de jardin, adouci de coussins rayés, rapés, familiers.*
> *Elle, offrant au ciel un visage vieillissant.*
> *Elle, déboutonnant son chemisier, l'ouvrant de plus en plus, finissant par l'enlever, ne résistant plus à l'intense rayonnement. Peau claire se tachant par endroits, se flétrissant de rides minuscules, se couvrant de gouttelettes salées.*
> *Elle, flottant entre veille et sommeil, entre deux saisons incertaines avant l'impitoyable hiver.*
> *Elle, crispant la main sur le journal que tente d'effeuiller le vent, chassant une guêpe alourdie, maladroite.*
> *Elle, disant pour elle seule, chuchotant ardemment je voudrais, sans achever son vœu.*
> *Tout vu. Tout vécu. Terminé, enterré le temps des*

enfantements, des ventres gros et pesants, bondissants et ronds.

Achevée la carrière maternelle. Balayés les relents de lait suri, de selles d'or. Étouffés les zézaiements, les appels, les Maman ! Éventés les touchers de velours-peau, de cils humides, de grains de beauté trop bien placés. Ravalé le goût de la chair fraîche, joues et fesses à croquer, lècheries et mordillements.

Aveuglé, le vif éclat des corps poussés en graine, fille dégingandées, gamins aux jambes démesurées.

Raturés, les faux départs, les belles envolées, les protestations, les fureurs. Seul le vent claque portes et volets.

Elle, revenue au jardin immergé dans la clarté d'octobre. Resurgie, résolue. Elle, proférant : je voudrais qu'un enfant vienne.

Le balcon surplombe la digue, la plage, la mer qui accourt écumante dans le matin brumeux. En dehors de la salle de bains étroite et sans fenêtre, je n'ai pas d'autre lieu pour vous écrire. Dans chacune des deux chambres et dans la salle de séjour dorment des enfants, des amis. Pour rejoindre la baie vitrée, j'ai enjambé un corps en chien de fusil sur un matelas en mousse, un sac à dos, un chariot bleu ; j'ai évité de justesse d'accrocher le fil d'une lampe et une chaise haute, sur laquelle sèchent les maillots de bain. J'ai poussé un ouf ! de soulagement lorsque j'ai refermé doucement la porte ; cri de victoire rentré : j'ai réussi ce matin à m'asseoir sur le fauteuil bas sans éveiller personne. Une heure à moi avant la samba familiale, les cris, les chants, l'arôme du cacao et le lait renversé, la baguette qui s'émiette au pied des chaises de bébés, les oreillers empilés, les épingles à cheveux errantes, la sandalette introuvable et le verre cassé.

Une heure avant l'organisation *(Qui va sur la plage avec les petits ? Qui s'occupe des courses et du repas ?)* Une heure avant le réveil de tous à des rythmes très singuliers dont il faut s'accommoder *(Attends, maman, laisse venir ! je sors à peine de mon rêve).* Ce n'est pas simple de sauvegarder l'espace privé lorsqu'on est aussi nombreux.

Fin de partie

Ai-je assez pleuré en allant d'une chambre désertée à l'autre, en me répétant que c'était fini le temps des nourrissons, des lits pleins, des souffles cueillis sur les bouches entrouvertes, des mots échappés au sommeil. Le temps où la vie est justifiée par le seul fait d'élever ces petits qu'on a choisi de mettre au monde, d'avoir à leur donner des racines et leur ouvrir les ailes, comme le suggère un beau proverbe. La paix, parfois tant souhaitée, s'est installée entre les murs sans écho. On a beau se dire : *Quelle chance d'être encore à deux pour affronter ce temps, d'avoir un métier et du travail...* parfois la vague de nostalgie submerge. On se refuse à céder aux regrets stériles, mais on bascule parfois dans les albums de photos et les tiroirs à souvenirs, on s'émeut pour un dessin couronné d'un mot maladroit, une déclaration signée et datée *Moi, François, je jure de ne jamais en vouloir à mes parents d'avoir arrêté le solfège* (ce fils qui est devenu musicien !) ou une affiche péremptoire et ponctuée de fautes d'orthographe bien compréhensibles *Prier pas déranjé je fé oune siest* de la main du jeune Portugais qui a partagé un an de notre existence.

Célébration du quotidien

Regain

On va vaillamment, on s'efforce *(Tu te souviens des départs avec tous les enfants, quelle organisation ! Maintenant on improvise, presque sans bagages)*, mais on force un peu le ton. Le parfum âpre de la jonquille séchée dans le vase minuscule devant ma feuille norcie : hier, elle flambait dans la lumière, mais j'en connais d'autres dans le bois. Allons en cueillir.

Et puis, quand on s'était fait une raison, qu'on avait réadapté la maison, tout est rendu, au centuple : aux compagnes et compagnons d'études ou d'aventures *(Tu devrais acheter des lits deux places, on est un peu serrés dans mon lit de jeune fille, non ?)*, succèdent les allusions, l'espoir timide comme un vol d'oisillon, les nausées, les projets. Les couffins, les biberons, les bavettes refleurissent sur les lits, les meubles, au fond des fauteuils. Les langes souillés embaument les poubelles, les minibrassières aux couleurs surprenantes battent pavillon. Tout s'accélère. On n'a même plus le temps de faire peau neuve, il faut faire face, à nouveau.

Ligne de faîte

A l'égard des petits-enfants, je retrouve les tentations que j'éprouvais face aux enfants : le naïf espoir de leur épargner la souffrance et le mal. Je sais que nous ne modifierons pas les données de leur caractère, mais nous pourrons développer un certain nombre de réflexes : les encourager à aller de l'avant, en prenant les situations à l'endroit ; les disposer à l'émerveillement, à la reconnaissance ; les inviter à apprivoiser la solitude. Leur faire découvrir qu'il sont aimés et qu'ils peuvent aimer, goûter la grâce et le pardon. Stimuler leur droiture comme leur curiosité intellectuelle, leurs dons artistiques... Vivre juste, vivre en plénitude plutôt que viser la « réussite » artificielle, le bonheur fuyant, relatif, ambigu.

Aujourd'hui comme hier, je sais ce que je ne veux pas : la tristesse de n'avoir rien vécu, d'avoir été privée d'expérience par le fait d'une surprotection qui entrave, en évitant risque et douleur, mais aussi découvertes et plaisir. Je ne voudrais pas qu'ils vivent par procuration, sans acquérir d'autonomie. Filles et garçons qui se demandent *Qui suis-je ?* sans que personne ne puisse les aider à répondre puisque ce qu'on sait faire et ce qu'on peut faire, on le découvre en le faisant.

Je me répète cela pour m'en convaincre aujourd'hui encore, pour ne pas freiner celui qui me dit : *Je prendrais bien un bain de minuit*, ou celle qui s'en va sac au dos et Interrail dans la poche à travers l'Europe, le bambin qui veut rouler sur la digue et le bout de chou d'un an qui entend bien manger tout seul en semant généreusement autour de la chaise le contenu de son assiette.

J'aime la tribu bruissante, bruyante, mais parfois j'aspire à la solitude, à l'isolement provisoire. Partir rouler par les allées fleuries ou la pinède sans surveiller un petit malhabile à prendre les tournants ; marcher le long de l'eau d'un pas ferme sans relever l'ensablé qui pleurniche. Vous écrire sur le balcon nu sans remettre dans la main potelée le crayon roulé sous la table ou éponger la peinture qui s'étale sous le pot renversé. Être à soi, une heure, avant d'être aux autres. Nécessité vitale.

En ai-je rencontré de ces mères de famille nombreuse, plus seules que la célibataire affolée dans son studio, parce qu'elles avaient perdu la force de réclamer leur droit à la vie individuelle ; elles s'étaient laissé dévorer vivantes par le dragon aux mille têtes domestiques. J'existe et j'entends continuer à le faire avant, pendant et après vous. Vous me laisserez sur mon chemin pour poursuivre le vôtre et ce départ sans remords, sans un regard en arrière, tout tendus que vous serez vers votre propre aventure, sera le signe d'une éducation achevée. N'en ai-je pas fait autant jadis ? Je sais que vous reviendrez d'autant plus volontiers que je n'aurai rien réclamé de vous, que vous pourrez me faire présent de ce que je n'aurai pas sollicité.

Donner la vie est un cadeau : il ne faut l'offrir que si on est convaincu de sa valeur. Elle ne se donne pas une fois pour toutes, mais s'entretient à grands frais. A chaque jour, on remet son enfant au monde dans la joie et dans la douleur et c'est un travail qui prend beaucoup d'énergie, un travail sans fin. Le fait d'en appeler d'autres à l'existence, d'en aider d'autres à croître, ne dispense pas de vivre soi-même.

Le bol d'air

Personne encore au bord de la mer qui se retire laissant bâches et coquillages, personne pour cap-

D'un balcon

ter le premier rayon frappant la plage et la crête blanche des vagues. Suis-je la première femme ? J'irais volontiers toucher l'eau mais il faudrait prendre un vêtement, ouvrir la porte, réveiller à coup sûr l'un ou l'autre et déclencher le branle-bas général avant l'heure ; je me contenterai donc de m'emplir les yeux de bleu et d'ocre, de beige ; de respirer l'odeur marine, de goûter le sel sur les lèvres tandis que tournoient mouettes et goélands dans le sillage du dernier chalutier regagnant le port voisin.

Surgiront un coureur et son chien, une baigneuse, un enfant sur patins à roulettes et son père guettant l'ouverture de la boulangerie, les éboueurs et la nettoyeuse de plage. On s'agitera dans la caravane garée au bout de la digue : une famille aux cheveux emmêlés se dirigera vers les toilettes-douches publiques, serviette sous le bras. Je connais le scénario, je m'en amuserai encore, mais pour l'instant je vous écris face à l'eau et au sable nus, avec tous les miens dans le dos, bien enfoncés sous leurs couettes et leurs rêves silencieux. Je règne sur des hectares d'étendue d'un bleu gris teinté de turquoise ou de jade (il faudra que je vérifie la couleur quand j'aurai accès au dictionnaire de la bibliothèque).

Comment font les hommes et les femmes qui vivent perpétuellement les uns sur les autres, au vide des communautés forcées, de la promiscuité étouffante. Sans une heure de balcon, peut-on ne pas haïr ses semblables ? Le bruit qu'ils font, la chaleur qu'ils dégagent, leur odeur, fut-elle délicieuse. Autour de chacun, un cercle de solitude, celui même qui attire et qu'on ne peut enfreindre. Tabou aux contours imprécis mais incontestables.

— Je te dérange ?

Elle se dresse au seuil du balcon, la petite-fille en pyjama vert. Tient-elle de moi le réveil précoce ? Oui tu me déranges, mais je ne te le dirai pas, tu ne pourrais pas encore comprendre ; tu prendrais pour un rejet ce qui n'est qu'un répit.

— Si tu regardais la mer sans parler...

Elle vient se blottir contre moi, chercher la chaleur qu'elle a quittée.

— Qu'est-ce que tu écris ? Je peux écrire aussi...

Je vous écris d'un balcon

Pour l'instant, elle fait halte dans la paix des jardins, tantôt le sien, tantôt le mien. Elle contemple la lumière sur les fleurs dont elle connaît tous les noms et répond à mes questions de béotienne : elle m'enseigne les variétés de clématites ou quelques mystères joyeux enfouis sous les semis de pois de senteur. *Tu devrais mettre un tuteur*, conseille-t-elle en désignant trois roses trémières altières sur le point de casser ; elle était venue les semer elle-même, en mon absence, pour mon anniversaire, il y a trois ans ; elles ont prospéré. Sa respiration est brève, oppressée, et la toux interrompt sa phrase ; une poussée douloureuse crispe son visage, mais elle poursuit son éloge champêtre.

Déjà elle contemple de très loin la journée, pourtant peu éloignée dans le temps, où elle était assez vaillante pour célébrer l'amitié. Elle confie l'extrême fatigue et la peur du lendemain, du nouveau traitement onéreux, à l'issue problématique ; elle avoue le mal-être permanent et la précarité difficile à assumer. Puis elle détourne de son propre sort la pensée haletante pour la consacrer au paysage apaisant, à notre conversation douce.

Je vous écris de ce lieu fragile, menacé, et fort comme l'amour.

Avec enthousiasme

Délivrer les sources,
  célébrer les silences
    et leur ouvrir les ailes,
      crier la vie muette, timide, désarmée,
        ameuter les rêves,
          marcher dans le fil du jour,
            maintenir le cœur sur le cadran solaire,
              divulguer l'amitié,
                créer dans la torsion de l'être,
                            ravir le secret vital.

JE vous écris avec enthousiasme.
   Enthousiaste, *être habité par un dieu*, expliquait le professeur. La première fois que j'ai entendu prononcer ce mot, c'était sur la route de l'école. De la fenêtre du tram, on apercevait par éclairs le fleuve, chargé de péniches lentes entre les chemins de halage, les peupliers, les champs. Ce jour-là, lorsque le soleil a émergé de la brume qui noyait l'Escaut, j'ai été littéralement éblouie : *Comme c'est beau !*
   Autour de moi, les écolières pressées, entassées, revoyaient une leçon, recopiaient un devoir à la hâte, chahutaient comme je le faisais d'ordinaire. J'ai perçu un murmure dans mon dos, comme si on parlait de moi ; je me suis retournée et j'ai surpris mon institutrice occupée à faire une réflexion à sa voisine de banquette, une « grande » qui allait bientôt quitter l'école ; j'ai demandé :

– Pardon, Mademoiselle, je n'ai pas entendu ce que vous disiez...

– Je disais que tu étais une enthousiaste. C'est bien, a-t-elle ajouté, sans doute parce qu'elle connaissait mon tempérament inquiet.

Une enthousiaste ? Je n'ai pas osé m'enquérir du sens exact du mot, puis j'ai oublié et c'est la semaine suivante qu'elle en a précisé l'origine. Suis-je habitée par un dieu ? Autre éblouissement. Est-ce cette réflexion qui a cultivé la fleur d'émerveillement ? Si l'institutrice s'était moquée de moi, peut-être aurais-je muré la source des fêtes ? Élan de reconnaissance envers elle, morte depuis longtemps.

Le relais

Tant de voix invitaient à l'émerveillement, disaient *Regarde* en désignant le fil de la vierge qui balançait ses gouttes de rosée dans la lumière. *Écoute* en dressant l'oreille pour percevoir l'eau ricochant sur les pierres du torrent au bord duquel nous pique-niquions. Ou encore *Maintenant on écoute le silence* afin de calmer nos bavardages, d'établir la paix, mais aussi par goût de la demeure du silence dans laquelle la voix nous priait d'entrer.

Elle disait encore *Tu as senti ?* parce que le premier lilas encensait à notre passage ; *Goûte* en tendant une reine-claude fissurée que convoitait déjà une abeille, *N'est-ce pas succulent ? Elle est toute chaude de soleil* ou *Touche : cette mousse est douce, un vrai velours* et j'hésitais à l'écraser en m'asseyant.

Avec enthousiasme

Ces voix, ces regards célébraient la beauté du monde ; il suffisait d'être attentif, présent, arraché à soi pour se donner à ce qui s'offrait, correspondre.

Cette initiation tellement simple et naturelle, à mon tour de l'assurer. Médiation, transmission, passation de pouvoirs. J'interromps volontiers le cours parce que le soleil joue dans les feuilles du hêtre pourpre qu'octobre transfigure ou pour écouter la musique qui traverse la cloison entre les classes. Je me réjouis chaque fois que se fissure l'indifférence, se dissipe l'opacité.

Ce chemin, je le connais par cœur ; les enfants l'empruntaient pour aller à l'école ; j'y passe presque chaque jour pour aller au travail, à la poste, chez une amie. C'est un léger détour, mais le paysage en vaut la peine : entre le parc du château et l'église du village, la route peu fréquentée s'infléchit pour longer l'étang, son île minuscule, son moulin à eau. J'y surveille la marche des saisons sur les bougies des marronniers, la marée des jacinthes sauvages après celle des perce-neige, la couvaison des canards, le givre blanchissant l'herbe des rives. Des amoureux s'y donnent rendez-vous, des mariés s'y font photographier, une vieille dame y aventure son pas claudiquant. Pas un pouce de terrain que je ne reconnaisse, tout en saluant ses métamorphoses. Ce midi, mon fils aîné arrive essoufflé de son travail : *J'ai pris par l'étang, ça allonge la route, mais c'est si beau : tu aurais dû voir le rosier sauvage sur la façade de la maison en ruine, superbe !*

Célébration du quotidien

L'état de grâce

Il se peut que nous ne soyons vraiment nous-mêmes que dans l'émerveillement, l'éloge, la reconnaissance. Là s'exprime le meilleur de notre être, ce qui chante, s'ouvre et va à la rencontre de Celui qu'on ne peut nommer.

L'admiration, n'est qu'un des noms de l'Espérance, une petite voie d'Espérance. Sortir du *moi*, souvent étroit et sombre, pour se laisser saisir par l'admiration. Décaper l'être de la couche d'usage et d'usure afin de contempler ce qui se présente de beau aux yeux éteints, habitués.

Admirer le lever du jour, à chaque jour inimaginablement neuf, l'éveil des couleurs ; le jeu des saisons, les météores. Accueillir comme merveille le premier visage : le très familier, si proche qu'on ne le voyait plus, ou l'étranger croisé dans le rue ; face de l'autre qui vient vers soi avec son arroi de désirs et de peurs qu'on peut reconnaître siens, même sans le connaître, lui. Se laisser toucher par les compagnons de métro : la main de l'enfant noir dans la paume rose de sa mère, la joue adolescente posée sur l'épaule amie en blouson de cuir, le débat passionné dans l'entrebâillement du journal tout chaud. Frères humains qui avec nous vivez.

S'arracher à soi, se détacher des erreurs, des échecs, s'enthousiasmer pour se livrer à la beauté qui sauve et nous mène à Lui, Dieu de bonté et de tendresse, notre espérance.

Je vous écris avec enthousiasme.

Mon amie m'invite à saisir le quotidien dans sa belle et tragique rigueur. Ce n'est pas tant l'approche de la fin qui aiguise la conscience, c'est la présence à soi, à l'autre qu'elle exige. Plus question de se dérober, de fuir, de se sauver par trente-six traverses. Tu es là avec ta demande humble, mais pressante – Ne me laisse pas seule. Ce qui m'arrive, m'arrive pour la première fois – et je suis là avec le rappel de ma propre échéance, de la relation essentielle à préserver, de la vie à nourrir. Nous ne nous lâchons pas les mains, ne nous quittons pas des yeux, si ce n'est pour les poser sur l'herbe coupée et odorante, la grâce d'un cosmos, le bruissement des feuilles d'acacia dans la brise bienvenue.

D'une solitude

Elle face au jardin d'après-pluie. Chaque pétale luit. Les parfums relèvent le nez. Les insectes reprennent leurs rondes effrénées. On perçoit la jouissance de la terre pénétrée d'eau. Ne bouge pas. Dans son dos, la maison – ordre et fatras –, la routine amoindrissante. Ne pas broncher. Tout l'être aux aguets : entre les couleurs de l'arc-en-ciel tendu sur le pré, quelque chose glisse qu'elle ne peut définir. Un instant suspendu. Le soleil plaque un accord sur la verdure, sur son visage à découvert. L'attente tient en haleine. Flamme pétrifiée, la touffe de capucines dans le vase en verre. Qui entre à cet instant et s'assoit au plus proche ? Tu es là. Le silence habille de feuilles.

J E vous écris d'une solitude

Tous les oiseaux envolés, la maison est étrangement silencieuse. Après le brouhaha des levers, la fièvre des départs – *As-tu pris ton pique-nique ? Tes chaussures de gymnastique ? L'argent de la piscine ? Ta punition signée ?* – c'est le vide, vertigineux. Combien de femmes, à cette heure, échouées, rendues à elles-mêmes ? Vacance plutôt que vacances : il y a tout ce désordre à réparer, les courses et déjà le repas... mais par quoi commencer ? Tonneau des Danaïdes.

Repos d'abord. Goûter ce moment sans céder au désir furtif de retourner au lit, sans s'étourdir de rangements immédiats. Instant de paix au bord de la table de cuisine encore couverte des reliefs du petit déjeuner ou dans le coin d'élection. La tasse de café dégustée, sans qu'un coude maladroit ne vous l'envoie sur la jupe ou qu'une demande urgente – *Je n'ai plus de chaussettes propres* – fasse réagir.

Le regard posé sur l'arbre à la fenêtre. Longue plage où courir, courir, comme à cinq ans, à quinze ou à trente. Le moi se recompose autour de ce creux si plein. Le courrier tombe dans la boîte. Le choc familier suscite l'élan : *Qui pense à nous, à moi ?* Une lettre à savourer. Le journal déployé branche aussitôt sur le monde. La sonnerie de l'entrée : la voisine, les mains enfarinées *Vous n'auriez pas un œuf ?* Le téléphone déchire le silence : *C'est toi ?* Ils sont peu nombreux à pouvoir faire l'économie des formules de présentation, ceux dont la voix nous atteint au vif, qui peuvent se permettre l'indiscrétion : *Que fais-tu ? A quoi penses-tu ?*

Et voilà ! C'est reparti : tous ces liens invisibles que nous tressons continûment, qui forment la trame de notre vie, supposent aussi une étoffe à soi, celle-là même qui s'entretient dans le silence, ce qu'on appelle jardin secret, intimité, recueillement. Quelle valeur auraient nos relations si elles n'étaient sous-tendues par cette existence-là ?

Isolée ou solitaire

Quand je me sens seule et triste, je me demande : « Qui a besoin de moi à l'instant ? » et je sors à sa recherche. C'est le secret que m'a confié, il y a longtemps déjà, une amie que j'interrogeais sur son allant. Élevée dans la conviction que la tristesse vient du diable, qu'elle est donc très suspecte, j'ai

D'une solitude

pu éprouver la justesse de cette démarche. Mais les choses ne sont pas si simples. Sans s'attarder ni se complaire dans les zones sombres, est-ce bon de fuir la confrontation avec la solitude ? Même si elle est parfois mêlée, comme le bon grain à l'ivraie, de la frileuse sensation d'isolement.

Pourquoi évoque-t-on si peu la belle solitude créatrice des artistes, des amoureux, des vivants fervents ? Anne Philipe en savait un bout sur la lente reconstruction d'un être que la mort a demantelé ; elle a eu cette expression heureuse « être à soi-même une présence amie » ; n'est-ce pas un écho de l'invitation de l'Évangile à « aimer son prochain comme soi-même » ? Ses romans suscitent des silhouettes de femmes qui ont à composer avec la solitude morale et physique, et qui réussissent souvent à la transfigurer. Inoubliable dialogue dans la nuit d'*Ici, là-bas, ailleurs*, entre une jeune femme enceinte, angoissée à l'idée d'accoucher alors que son mari journaliste est exposé aux dangers d'une guerre lointaine et impitoyable, et une femme mûre, double d'Anne Philipe, qui l'écoute attentivement et lui communique une paix durement acquise.

Ma vieille amie écrivaine de 93 ans, à qui je rendais visite régulièrement, lisait, relisait, écrivait, se passionnait pour un article, une émission. Elle ne s'ennuyait jamais, même si elle souffrait parfois de longs temps de solitude, elle qui aimait écouter, parler. Une phrase parfois trahissait le poids de certaines heures : *Comme c'est bon de manger avec quelqu'un*. Elle se reprenait aussitôt : *Le petit déjeuner seule, cela ne me dérange pas* puis détournait le cours de la conversation, m'interrogeait. Vie riche qui fécondait. Les étudiants que j'envoyais chez elle me revenaient émus. Art d'exister en harmonie avec soi-même.

Regard d'amour qui fait croître

Ce plaisir intime d'être avec soi-même suppose un minimum de confiance, de foi en soi. Des circonstances favorables à la découverte d'un territoire, d'un jardin privé, d'un for intérieur – de forum, tribunal (mot qui évoque à la fois la conscience et la forteresse protectrice). Comment peut naître et se développer cet amour initial ? La reconnaissance et l'acceptation de son image ? Sans doute dans le désir des parents, le premier regard posé sur le nouveau-né, la tendresse qui accompagne sa croissance. Bienveillance qui nous porte vers notre propre avenir. Ce qu'exprime si bien Maurice Bellet : *Je t'aime, autrement dit je me réjouis que tu sois ce que tu es ; et je ferai tout pour que tu le deviennes davantage.*

Mémoire tenace de l'amour de mon père, manifeste dans sa façon de me regarder, de me porter, de parler de moi. Je me sentais environnée de cette chaleur. Et pourtant ! Maman était belle, rieuse, entourée. Autour de ses robes fleuries tourbillonnaient les sœurs, les amis. Papa surtout. Il m'aimait, bien sûr, mais la préférait elle, sa femme solaire qui relevait d'un geste désinvolte une mèche sur le front, ajustait son bas de soie rebelle, croquait une cerise à belles dents ou produisait cet étrange roucoulement de gorge contagieux. Lorsqu'il rentrait, c'était son nom à

D'une solitude

elle qu'il lançait dès l'entrée et non le mien à moi, assise sur l'escalier à l'attendre ; c'est elle qu'il allait dénicher dans la cuisine ou le jardin, elle qu'il étreignait, avant de me lancer en l'air pour me rattraper en m'embrassant. Rivalité larvée.

Dès l'aube il aura fallu partager. Dès cette enfance fondatrice, j'ai dû tourner vers d'autres lieux l'insatiable exigence qui m'aurait dévorée : lire, écrire, échapper à cette faim insensée. Tous les êtres, puisqu'un seul ne pouvait se consacrer à moi. Bienheureuses ruptures qui délivrent et portent plus loin nos pas. Mais à l'intérieur de l'amour.

Le regard des autres nous imprègne, nous détermine parfois. Mais le regard de soi sur soi ? J'observais sans aménité « l'orpheline » qui devait partir pour l'école rejoindre tous les uniformes bleus, ma robe grise me signalerait à coup sûr alors que je désirais me fondre dans la masse, passer inaperçue. On remarquerait ma robe, donc ma situation et pas ma personne. Des phrases saisies au passage me renvoyaient au miroir pour essayer de comprendre ce que disaient les adultes compatissants ou duplices : *C'est une petite orpheline*, et comme pour se racheter, *mais elle est si intelligente*. J'avais horreur des deux adjectifs. Deux tares. Est-ce que cela se voyait sur le front, dans les yeux ? Je scrutais, je ne distinguais rien qu'une frimousse interrogatrice. Les stigmates n'étaient-ils perceptibles que par autrui ?

Célébration du quotidien

L'acquiescement

Avec le temps, se reformule le refus ou, au contraire, l'adhésion à soi. Souvenirs précis d'instants de plénitude. Cette promenade en vélo le long du fleuve ou cette entrée dans la mer, avec une sensation suraiguë du bonheur physique et moral d'être au monde, d'avoir porté cinq petits. Et cependant il y a les alertes, les maladies, les temps d'immobilisation et de dépendance. Recevoir la première petite-fille et sentir s'accroître cette reconnaissance pour un corps qui va se prolonger au-delà, dans une autre femme. La vie n'en reste pas là, à sa reproduction, sa transmission, mais s'épanouit en activités autonomes, dont certaines encore imprévisibles.

Non le compromis mais la composition. Ni mensonge ni complicité ; un jeu entre les différentes facettes, acquiescer aux creux comme aux pleins, aux noirs comme aux clairs, à l'inconnu en soi comme au trop connu, voire au détesté. Il y a une manière de coïncider avec son destin, une façon de s'assurer : *c'est ma vie et je l'aime*, qui épargne bien des énergies, dispense des vains combats contre soi et ses conditions d'existence plus ou moins satisfaisantes mais dont on peut presque toujours tirer parti. Ne rien gaspiller, non dans un vulgaire vouloir jouir à tout prix, mais dans l'extrême conscience d'une vie comme un cadeau unique.

> *Ma vie te paraît terne, banale, comme elle m'apparaît à moi aussi certains jours, mais c'est la mienne et je l'aime. J'en reconnais le son unique et familier. J'en affiche la couleur changeante. Je n'en perds aucune miette savou-*

reuse, goûteuse. Ma vie, la mienne. Je saisis à pleines mains l'instant qui m'est offert à vivre. Son parfum singulier embaume mes actes très quotidiens.

Sans redouter les temps de solitude, propices à se recueillir pour accueillir l'inespéré. Sans tenter de leur échapper par le biais de la sortie, de la télévision ou du téléphone. Plus que la peur de l'ennui ou du vide se trahit ainsi la crainte, l'inquiétude de ce qui pourrait s'imposer, se révéler dans cet espace vierge. Qui peut deviner ce qui va surgir quand on est à l'écoute de soi-même ?

Être à soi-même une présence amie. Cultiver un espace où se rassembler afin de donner sans retour sur soi, sans éprouver l'impression d'être vidée, épuisée. Laisser un blanc qu'on ne remplira pas artificiellement par des courses, des achats, des gâteaux, des soins de beauté ou des visites au médecin. Femmes poreuses, certes, mais suffisamment fortes et apaisées pour ne pas se laisser détériorer. Cette clôture à l'intérieur de laquelle on ne laisse entrer personne ni rien qui abîme et racornisse. Être une présence, une présence réelle, un vrai silence qui écoute plutôt qu'un miroir qui reflète ou un abîme qui engloutit.

Je vous écris d'une solitude que je voudrais telle.

Nous trouvons refuge sous l'ombrage des livres que nous aimons. Avec le rétrécissement du cercle des activités — Élisabeth a dû abandonner le piano à cause du dos trop douloureux et les sorties cinéma — la lecture reste le recours. Dernières découvertes. Nous suscitons les images, nous ressuscitons les scènes, nous citons en chœur. Nous nous enflammons par jeu, nous critiquons vertement. Les livres n'ont jamais été un accessoire. Ils tapissent nos murs et nos mémoires, mais surtout ils sont partie prenante de notre vie. Ils élargissent nos horizons, décuplent nos expériences, nous réconfortent aux jours d'exil.

Cela fait plus de trente ans que nous échangeons nos admirations et nos indignations ; ce n'est pas la maladie qui nous en distraira. Je lui offre des livres légers à la main — les minipoches des Mille et une Nuit ou de Penguin — pour qu'elle ne se fatigue pas tandis que l'autre bras est fixé à la perfusion. Elle lit en toutes circonstances, comme en plusieurs langues.

Tandis que nous parlons d'Entre l'aube et la nuit, une nouvelle de Yoshua Kenaz, un souvenir s'impose : le visage d'une tante, auréolé d'une chevelure précocement blanchie ; à la veille d'une grave intervention chirurgicale, elle avait organisé un repas de famille et avait assuré que, même dans la souffrance, on peut être heureux. Paroles mystérieuses pour les enfants que nous étions. Paroles fertiles dont le sens se dévoile en ce moment où, entre deux élancements douloureux, nous évoquons les adolescents d'Israël, complexes et fascinants.

Célébration du quotidien

Le présent éclaire le passé ; en retour, le passé offre à l'instant son arrière-pays profond, étagé. Les mots sont si souvent enfouis dans une gangue dure, impérative, celle de l'efficacité, du jugement sans concession. Soliloque plutôt que dialogue ; une fausse transaction qui entraîne l'humiliation de l'interlocuteur. Si la confiance n'est pas au rendez-vous, aucun échange n'a lieu, simplement une joute sans conséquence. Ici, nous nous comprenons à mi-mots, nous pouvons parler par ellipses complices, nous y trouvons l'une et l'autre notre compte.

De la patrie des livres

Elle lit les mots des autres ; se gorge de leur soleil ; fléchit la nuque sous leur ondée. Flâne longuement à la source des enchantements ; y mènera d'autres assoiffés. Rendue. Ravie. Mais se prend à douter de ses propres pouvoirs. Déposerait pour un peu sa vigueur au chevet des pierres. Qu'irait-elle ajouter au concert des voix accomplies ? Se frotte au soupçon, s'immobilise. D'où vient cette parole qui soulève la dalle écrasante des admirations, suscite et reconduit à son texte ? Elle s'ébroue sous le souffle et trace ses signes modiques. Irrépressibles.

Je vous écris de la patrie des livres.

Bonne-maman aimait lire ; la concentration de ses traits absorbés par les pages qu'elle tournait régulièrement, le repos du corps comme replié sur l'objet, me fascinaient et m'irritaient tout à la fois

— Que fais-tu ?
— Tu le vois, je lis.
— Mais c'est quoi ?

Bonne-maman ne racontait pas, elle se contentait de fermer le livre en soupirant : il était temps de s'occuper de moi ; elle m'entraînait à la cuisine, dans des emplettes ou près du parterre couper les roses fanées. Le mystère demeurait. J'avais beau tourner et retourner le livre dans la main, il ne livrait rien. Dès que j'ai appris à lire, je suis entrée avec ravissement dans cette étrange confrérie des liseurs invétérés, déchiffrant tout ce qui me tombait sous les yeux. Passion jamais démentie.

Aujourd'hui, je collectionne les reproductions de tableaux présentant un lecteur, une liseuse et toujours me requièrent ces visages clos sur leur plaisir attentif. Solitaires dans un jardin ou sur une marche d'escalier, entre les érudits d'une bibliothèque, à une terrasse de café ; visages tendus vers le journal, la lettre tragique ou éclairés du dedans par le livre fabuleux, le billet d'amour ; jamais vides ni veules. En train ou en métro, comment résister au besoin de connaître le titre de ce que lit mon vis-à-vis ou mon voisin ? Désir de partager ce qui le captive plutôt que vaine curiosité.

Maison nourricière

Pour la cérémonie de la lecture, j'aime le rituel : lampe bien orientée, coussins moelleux, feu douillet, présence tendre, silence et paix du cœur. Mais je peux tout aussi bien me contenter d'une paillasse et d'une lampe de poche qui ne troublera pas le sommeil de la chambrée. Adossée au mur de la gare tonitruante, la valise entre les pieds, ou chatouillée par les hautes herbes au bord de l'eau, je lis et le bruit des pages tournées, le bruissement de la langue délivrent la même ivresse.

Je lis, je me délie de tout ce qui entravait mon essor. Je lis, je me relie à tous ceux qui ont connu ce texte et à ceux qui le découvriront après moi, autant qu'à l'écrivain qui nous l'a confié. Je renoue avec mon moi le plus intime, celui de l'enfance, comme je pose les jalons de demain. Je nidifie et j'édifie.

Je lis. Je pallie les limites dérisoires de ma petite vie. Par auteurs, par héros interposés, j'expérimente mille formes d'existence, je me démultiplie. J'approfondis. Je comprends la folie d'un autre. Je pénètre dans des milieux qui me resteront toujours étrangers ou fermés. Rien ne m'est impossible. Je lis. Lire c'est délirer.

Je lis. Je relis les classiques, je les rafraîchis au contact de ma sensibilité actuelle. J'élis et j'abolis le temps aussi bien que l'espace : il n'est terre ni époque ni âge qui me soit inaccessible.

Je lis-j'écris. J'écris en marge des lignes mon propre livre. Avec Tournier, je peux affirmer que tout livre a toujours deux auteurs : celui qui l'écrit et celui qui le lit.

Ce livre, je le raconterai aux enfants en faisant une énorme vaisselle, au cours d'un voyage en voiture ou dans une salle d'attente. Je le déconstruirai et je le recomposerai, image après image, séquences téléscopées ; comme jadis dans nos interminables conciliabules fraternels, nichés à l'étroit d'une vieille cage à lapins au fond du jardin.

Je lis, je jouis. Je me réjouis dans la jubilation des réseaux de sens. Je m'étonne et m'émerveille. Je vais de surprise en surprise et je reconnais. Déjà je pense à celui à qui je prêterai le livre. A moins que je l'abandonne sur la banquette du train ou la chaise du square, en espérant qu'il trouve un lecteur enthousiaste, ravi de l'aubaine.

Je lis. Le texte descend en moi, infuse : *Le saule / peint le vent / sans pinceau* ; je porte ce haïku comme une fête ; demain je naviguerai en haute mer avec Dostoïevski ou Cohen.

Je lis et la solitude recule, le souci s'éloigne. Autour de moi veillent tant de vivants. Ils sont passés par là, avant moi, en sont revenus. Je reviens, dispose. Je lis et *le monde que je vois n'égale pas celui qui m'habite.*

Que lis-tu ? Sur le visage de l'enfant-lecteur, je surprends l'expression concentrée, perdue : je me retire sur la pointe des pieds. Peur de rompre un charme.

Connivences

Lecture en tous lieux et notamment en cet endroit décrié : le métro des fins de journée. Fracas, fatigues et soucis comme une fine poussière sur les visages et les corps marqués, anonymes et fraternels.

A ma droite, un homme déchiffre une partition et j'imagine qu'il entend résonner une mélodie pareille au chant d'Anne Perrier qui m'accompagne en cet instant : *Voici ma place / Pour l'éternité / Une chaise de paille basse / Le silence et l'été / Un mur que le ciel a fendu / Comme une rue / Et mon âme qui s'habitue / A dire tu*[1].

En face de nous, une jeune fille lit un livre en arabe. Debout dans le cahot, un homme et une femme tentent de maintenir les feuilles volantes de leur quotidien.

---

1. *Poésies 1960-1986*, L'âge d'homme, 1988, collection Poche suisse n. 71, p. 35, le poème XXV.

De la patrie des livres

Des liens se tissent entre ces lecteurs impénitents, de sorte que la bulle qui semble les isoler n'a rien d'hostile : ils sont de la lecture comme on est d'un pays. Se sentent-ils réconfortés entre les rayonnages couverts de livres d'une bibliothèque, d'une librairie ou d'une chambre ? Leur suffit-il d'un regard vers les noms d'écrivains aimés, les couvertures familières, pour se sentir compris ? Famille sans frontières. Celle des poètes en priorité.

Claude Roy dit qu'il a toujours demandé deux choses à la poésie « *l'enchanter et l'aider à déchanter* ». Invitation à l'émerveillement et à la lucidité ; la fête et le recours. Dans un monde brutal, injuste, englué dans le profit, la poésie ne peut être un cocon douillet où le chant des oiseaux couvre les cris de faim ; elle demeure présence radieuse, même au cœur du désastre.

Territoires sans fin

Apprendre, feu continu. Étudier une nouvelle langue en sachant qu'on ne connaîtra jamais la sienne, mais afin de l'éclairer autrement, pour s'accomplir. Jusqu'au dernier souffle, entretenir la flamme curieuse et vivace. Pour soi, pour l'autre, la richesse de l'échange.

A quoi bon engranger si ce n'est pour partager ? Un livre, un film, une expérience, un fragment de savoir. Enseigner, animer, raconter, autant de facettes du même plaisir, d'une réciprocité constante : tu m'apprends autant que je t'apprends. Je ne peux communiquer qu'à un pareil, un égal ; j'ai besoin de croire et d'espérer en lui pour que vive entre nous cette chose sans nom, qui grandit et nous réjouit. Pas de chasse gardée. Que nos amis mêmes, nous soient communs !

Récits de jadis à bord du lit-bateau : le grand cousin inventait comme il respirait, pour endormir la chambrée. Et récits d'aujourd'hui, dans le train, à la petite ramassée sur mes genoux, aux frimousses étagées des lits superposés ou à l'oiseau du lit-cage. Les yeux luisent dans la pénombre, le souffle reste suspendu. *Et alors ?* La suite sera pour demain. Soupir. Sommeil enchanté. Quel feuilleton télévisé atteint le seuil d'une telle magie ?

Je laisse les mots pousser ; ils viennent d'eux-mêmes et le plaisir s'accroît, la douleur trouve forme humaine. De même qu'une nature morte aiguise le regard porté sur les objets soi-disant inanimés (« Images de la vie silencieuse » propose si justement une exposition du musée Boudin à Honfleur), les mots dilatent peines et joies. Comme si l'univers n'existait vraiment qu'exprimé. Mots dits à soi, à l'autre, mots écrits. Ils viennent furtifs, par à-coups, s'évadent et reparaissent, ombrageux. Les accueillerez-vous ? Lire, élargir, apprendre, écrire, partager. Dans les ateliers de lecture et d'écriture s'éveillent tant de flammes individuelles ! Brasier, perpétuellement alimenté.

Je vous écris de la patrie des textes.

*J*E ne vous écris plus d'un jardin ni d'un balcon, mais de sa chambre où les cercles de plus en plus rétrécis la ramènent inexorablement. Sa respiration embarrassée me hante. Il m'est difficile de me concentrer sur ce papier blanc alors que sa présence emplit tout l'espace d'une souffrance continue. Et cependant je dois continuer à vous écrire ; sans cela elle n'accepterait pas que je passe ce temps à ses côtés.

Je dois composer avec ce rappel lancinant de la douleur qui forme la trame noire du monde et sur laquelle s'inscrivent nos joies apparemment si dérisoires, si précaires : « En ce monde nous marchons / sur le toit de l'enfer / et regardons les fleurs » observe le poète japonais Issa.

Elle s'est assoupie. Au sortir de la chambre, je vais dans la cuisine saluer son mari occupé à égrener de lourdes grappes de groseilles – rouge rondeur luisante des fruits translucides – pour en garnir les demi-melons parfumés. Les enfants reviennent tous manger ce soir, dit-il. Tu aimes les groseilles ? J'en raffole. Il m'en donne un ravier avec un sourire chargé d'émotion.

Du silence

Le langage
 nous engage
  moins loin que le silence ;
au seuil des mots
 nous étreint
  la paix de l'incréé ;
faudrait-il se terrer
 dans les champs du non-dit ?

J E vous écris du silence.
Non pas le silence pesant et glacé de l'inimitié, de l'hostilité déguisée. Non pas le silence poli du désaccord qui s'avance masqué ni le silence opaque du désespoir renonçant à se faire entendre. Je vous écris simplement du silence des hommes et des femmes, des mères, des proches ; celui qui supplée la parole défaillante ; je vous écris du silence qui accompagne l'essentiel.

Mots aveugles

– Mange bien !
– Ne prends pas froid !
Tous ces mots de l'amour timide, gauche et retenu, qui en disent tellement plus qu'ils ne

Célébration du quotidien

l'avouent. Mange bien, c'est *Nourris-toi convenablement*. *Ne t'empoisonne pas*, mais au contraire *Grandis, apprends, développe-toi*. Ne prends pas froid, c'est *Ne me fais pas une maladie*, mais surtout *Rencontre des êtres qui t'aimeront et te réchaufferont quand je serai loin*.

Le chant d'amour ne dit pas son nom. Issu d'une tendresse qui se dépense en remarques souvent agaçantes, en tics de langage crispés, il résonne en nous alors que les bouches aimantes se sont fermées pour un temps ou pour très longtemps. A notre tour, nous le murmurons ; nous le confions à ce petit en-cas, à cette écharpe glissée dans les bagages, à ce livre de poche : dans un autre pays, une ville lointaine, ils rappelleront à celui qui s'en va *Tu comptes pour moi, prends soin de toi*.

Comment les mots qui se pressent sur nos lèvres échappent-ils à l'oreille de leur destinataire ? Tant de maladresse, unie à tant de bonne volonté, ne manque pas de surprendre. Si souvent à côté de la cible, un peu à côté de soi, et de l'autre qu'on cherchait à rejoindre. Nos désirs se croisent sans se rencontrer. Je guette ton retour, je t'attends depuis si longtemps (que ce temps soit d'une heure, d'une semaine ou d'un an) ! Et toi aussi, tu te hâtes vers ta maison, ton repaire. Et me voici à la gare, sur le seuil, dans la cuisine, me heurtant à ta fatigue, ton mutisme, ton absence réelle. Tu dis (pour sortir du malaise ou parce que c'est vrai ?) : *Je vais aller faire une petite sieste*. Je réponds tout haut (quand je ne maîtrise pas ma déception) ou tout bas (lorsque je suis capable de la refouler) : *Tu te fatigues au loin, tu te reposes ici : la famille n'a que les restes*.

Du silence

A moins que je ne décoche les remarques inopportunes, que je ne pose les questions idiotes, intempestives, qui provoquent immanquablement les réponses elliptiques, irritées : *Tu as perdu un bouton. Depuis quand n'as-tu plus ciré tes chaussures ? Il me semble que tu as maigri...* Mon Dieu ! Est-ce que je ne peux pas les laisser tranquilles, leur permettre de retrouver leur territoire. Qu'est-ce qui m'agite et me trouble, et m'amène à prononcer les phrases que je détestais entendre quand j'avais leur âge ?

L'enfant qui tombe en provoquant notre effroi et que nous grondons, le compagnon que nous espérons et que nous commençons par quereller pour son retard... Sommes-nous si fragiles que nous ayons besoin de nous protéger, d'exprimer nos peurs en les transformant en reproches ? L'écart féroce entre la demande et la réponse. C'est trop rarement le bon moment pour tous les deux en même temps. Quelle infirmité ou quel malin plaisir nous égare, nous dévoie ?

Terreur de perdre qui nous fait perdre. Ceux qui se confient à nous et se reprennent d'autant plus violemment qu'ils se sont abandonnés ; ils deviennent agressifs, nous laissant désemparés, incertains. Et cependant, nous recommençons inlassablement à tâtonner vers l'autre ; exposés aux coups et blessures, malhabiles et tendres, vulnérables.

Et puis, quand on n'osait plus y penser, surgit la proposition : *Tu viens te promener avec moi ? Si on s'offrait une petite soirée, rien qu'à nous deux ? Regarde ce que j'ai choisi pour toi, je crois que tu aimeras...*

Ne rien attendre mais tout espérer.

Célébration du quotidien

Mots de passe

Parfois, loin d'être gauches ou vides, les mots les plus dévalués servent de passerelle. Ma grand-mère était à l'hôpital ; notre intimité n'avait jamais été très grande. Alors qu'elle lisait beaucoup et m'avait légué ce vice, alors qu'elle était souvent disponible, nous n'étions pas sur la même longueur d'ondes. Je ne m'intéressais pas vraiment à elle et je n'écoutais pas ses invites discrètes. Étais-je trop jeune pour percer sa froideur apparente, deviner la blessure inguérissable provoquée par la mort de son fils aîné, mon père ? La dernière fois que je suis allée lui rendre visite, au milieu des sondes et perfusions, je ne savais que lui dire, n'ayant pas osé emmener d'enfant avec moi, de crainte de la fatiguer, mais perdant dès lors mon passeport naturel.

Dans le silence embarrassé, elle m'a demandé ce que je prévoyais pour le repas de midi. Je savais qu'elle aimait le poulet alors j'ai dit à tout hasard : *Un poulet.*

– Et comment le prépares-tu ?
– A la casserole, c'est moins sec...

Je mentais. Si j'en cuisais un, ce serait au four, mais j'avais dit ce qu'elle souhaitait. Elle a répété en écho : *Oui, c'est moins sec.*

Nous ne nous sommes plus jamais parlé et je n'ai pas confessé ce mensonge. Elle avait pu s'endormir sur la conviction que sa petite-fille, l'intellectuelle, avait du sens commun, en l'occurrence le goût des bonnes choses à point. Des mots de rien, des mots de passe entre êtres qui se chérissent à leur façon malhabile.

Du silence

Des mots passe-partout comme le temps qu'il fait ou *Ça va ?* qui n'attend pas d'autre réponse que son écho, des mots de rien encore une fois, mais des mots de tout ; l'huile dans les rouages de la machine humaine ; ils portent le jeu, l'échange et la tendresse ; comme une caresse du plat de la main pour lisser la chevelure rebelle ou du bout des doigts afin d'aplatir un revers de col. *Tu comptes pour moi*, chante la petite voix intérieure, *je t'aime*.

Sans mot dire

Quand c'est important, on n'en parle pas... ça doit être sérieux, observait un enfant à propos des amours secrètes d'un aîné. D'autres fois, quand la parole avoue ses limites et ses impasses, ce sont les gestes qui prêtent main forte. Comment rejoindre à travers mots un enfant adulte dont bien des options nous éloignent ? Ce n'est pas l'amour qui est en cause, non. C'est l'opacité des choix individuels qui provoque des blessures, superficielles sans doute, mais dont la cicatrice fraîche s'irrite au moindre frottement.

Tôt éveillée, je surprends un de mes fils dans la cuisine : il donne le biberon de l'aube à sa première-née. Tout ensommeillé encore, mais prodigieusement disponible, lui que j'ai connu lève-tard ; si tendre pour ce trésor de six kilos. Nous voilà émus, accordés dans la contemplation tacite du bébé déjà rendormi, l'estomac plein, dodelinant du chef déplumé, souriant aux anges. Nous humons l'odeur animale, replète, inimitable des

Célébration du quotidien

tout-petits enfouis dans leur mystère presque minéral. Ce mystère issu de nous à travers les générations et auquel nous nous vouons. Qu'irions-nous nous encombrer d'explications, de justifications ? La vie parle plus haut que nous.

Je vous écris de tous ces silences. Les mots jamais prononcés et qui restent sur le cœur. Elle est partie sans que j'ai pu lui faire comprendre que je la chérissais ; il est mort sans que nous nous soyons réconciliés. Je me consume en regrets. Si j'avais su, si je pouvais. Pendant ce temps mort, je ne prononce pas les mots que quelqu'un espère.

Je vous écris d'un silence qui garantit la parole.

*C*ET *après-midi, elle se sent faible. Les livres lui tombent des mains. Sa fille aînée en congé a préparé un thé raffiné ; elle a sorti le service d'un bleu apaisant et rien ne manque sur le plateau. Son mari vient nous rejoindre ; assis aux quatre coins du lit, nous goûtons un moment tranquille. La halte.*

Je la taquine : Tu tiens salon mais au lieu d'être consignés dans la ruelle, tes visiteurs ont accès au lit. Elle tousse, elle rit. Demain je t'apporterai un livre-cassette : Trintignant lit sobrement Proust. Elle veut bien. Demain.

A bord de la nuit

Adossés à la nuit, prenons mesure du chantage,
Écarquillons les yeux pour défier les ténèbres,
Tendons l'âme à la voix des veilleurs invisibles.

JE vous écris à bord de la nuit.
Je dors peu. J'ai dû aménager tant bien que mal ces espaces nocturnes. Me les concilier. Lieux fastes plutôt que repaires d'idées noires. Prendre des distances à l'égard des principes reçus : *Il faut dormir tant d'heures* et surtout à l'égard de mes propres peurs : *Si je ne dors pas assez, je ne pourrai pas travailler demain, j'aurai une mine de chien.* Le sommeil serait-il comme l'appétit : certains en ont beaucoup, d'autres moins ? Aucune norme. Je ne dors pas alors que tous dorment ? Pourquoi ne pas lire ou réaliser ce que je laisse de côté, à mon grand regret, faute de temps ?

J'en viens à goûter ces nuits brèves qui m'offrent de longues plages de concience à veiller sur mes compagnons de traversée, à chérir leur sommeil naïf, à recouvrir tendrement une épaule, à refermer une fenêtre sur le vent ou la pluie. Nuits à partager le guet de ceux qui souffrent. Compagne de Gethsémani comme de Bethléem, complice des espérances comme de toute déréliction. Pendant la période où leur fille, après une expérience conjugale malheureuse, était revenue à la maison avec son petit, une amie et son mari avaient été incapables de se rejoindre physiquement : leurs corps, qu'un tendre tropisme orientait si naturellement l'un vers l'autre, se figeaient, impuissants à se réconforter. Ils leur semblait impossible de goûter le plaisir d'être ensemble alors qu'elle, leur petite, tremblait et se morfondait, seule, là-haut. On peut se moquer, la compassion peut aller jusque-là.

Est-ce notre enfance qui a communiqué à la nuit sa coloration majeure ? Est-ce le fait d'avoir *été expédié au lit* pour le confort des adultes, au mépris de nos frayeurs et de nos désirs ? A moins qu'une lecture, un film, des images n'aient associé la nuit à une des formes de l'enfer ou de la mort. En nous, la part la plus primitive continue à redouter que le soleil renonce à se lever et que la terre reste plongée dans les ténèbres ; celles qui accentuent l'isolement, exaspèrent terreurs, douleurs et rancœurs.

La nuit aussi est un royaume

Si le jour appartient au travail, aux tâches ménagères, aux rencontres, aux autres ; si le jour se détaille, se distribue, s'épuise, la nuit, quand tout dort et que rien n'est requis sinon le silence, alors se déploie l'existence libérée de ses entraves, vouée au rêve, à la création. S'ouvrent une aire, une ère d'éveil.

Extérieur nuit. Se lever dans l'obscurité et reconnaître la mer, l'infatigable rumeur, lointaine ou proche, la brume impalpable et chargée d'embruns. Parfois la pluie hirsute, eau sur eau, ou la lune énigmatique. Guetter longuement l'éclosion du soleil, la palpitation de la lumière sur les flots mouvants, les crêtes de vagues, la plage beige marbrée de flaques. Ou simplement l'arbre à la fenêtre, frémissant sous la poussée du vent. Le jardin immobile dans l'ombre sans couleur.

Intérieur. C'est le bouquet de pivoines rouges, largement épanouies, potagères dans un vase en grès sur lequel je n'avais posé qu'un regard distrait entre deux occupations du jour ; maintenant, en cette heure de loisir, il dit le don d'une voisine, un jardin cultivé avec amour et des doigts verts ; il ressuscite des images d'enfance villageoise, de massifs exubérants, de rapines. C'est le livre en espérance dont les premières pages fascinent suffisamment pour qu'on lui consacre cette nuit blanche. C'est la feuille vierge ou l'écran lumineux qui hèle.

Au très noir

L'insomnie a d'autres visages, moins séduisants. Nuit accablante, celle du dehors secouée par la tempête, celle du dedans, surtout. Tout semble avoir été dit, vécu, espéré. Que reste-t-il, si ce n'est la certitude de la mort ? La solitude de celui qui s'en va vers le lieu de toutes les questions ? Sans la vitesse acquise et l'élan imprimé jadis, tout s'arrêterait ici. On feint de ressentir encore le désir d'avancer, mais ce n'est plus qu'un souffle qui trouble et ne soulève pas vraiment.

Dans cette humeur sombre, le royaume de la nuit n'est plus qu'un labyrinthe nauséabond ; il ne fait pas bon s'y promener : les pensées délétères guettent à chaque tournant et expirent en pleine face leur haleine fétide. C'est la stéréophonie perpétuelle, à un degré de fatigue tel qu'il devient impossible de faire le vide. Ponctuation de réveils tourmentés ; cauchemars du trou, de la chute, de la perte. Alarme. Anxiété qui ronge et ne dit pas son nom : malaise, mal-être. Peur de tout. Agressé par une porte refermée brutalement au bas de l'immeuble, le roulement des voitures, les cris de fêtards ou le flux incessant de la mer.

Cette palpitation entre espoir et désespérance est perceptible dans certains lieux plus encore que dans d'autres ; ainsi de l'hôpital. La nuit va basculer et, à chaque étage du grand cargo, combien sont-ils à épier la première lueur aux fenêtres, à tendre l'oreille vers les bruits du jour ? Dans chaque lit, quelqu'un redoute le pansement, l'examen ou l'opération du matin, attend un calmant, à moins qu'il ne se contente d'espérer simplement, modestement : la journée se passera-t-elle mieux que la précédente ? Une vraie visite viendra-t-elle colorer la blancheur de la chambre ? *La nuit, on tricote toujours à l'envers*, dit la sœur infirmière expérimentée qui étend sur le service sa vigilance tutélaire.

Le jour gardera trace de ces nuits noires. On ira mécontent, tracassé. On posera un regard désabusé autour de soi, on émettra des jugements amers sur les êtres, les actes, les événements. Extrême susceptibilité, frémissante vulnérabilité. On s'inquiètera et se désolera : moi, ça ? Celui, celle-là même que je me jurais de ne jamais devenir. Que faire si ce n'est se vouer à des actes humbles et réconfortants ou puiser dans la « boîte des consolations » qu'évoquait Marie de Hennezel, un texte, une musique, un baume ?

Ombres et clartés

Tomber et se relever, c'est la loi. *Vas-y !* Les mains se tendaient vers l'enfant qui se hasardait à poser un pied devant l'autre pour tenter de marcher : *Viens vers maman, n'aie pas peur !* Les mains se rapprochaient, stimulantes, encourageantes. Mais la station verticale donnait le vertige et l'enfant, vacillant, s'abattait à portée du but. *Ce n'est rien, on tombe, on se relève, vas-y !* Le jeu recommençait, inlassable. Le petit d'homme prenait confiance et avançait enfin, pour rejoindre les bras tendus, recevoir la rançon d'un baiser. *Tu marches !*

Sur le trottoir droit et lisse, la bicyclette filait : *Maintenant on enlève les petites roues et tu vas rouler comme un grand.* Le gamin regardait avec un mélange de fierté et d'anxiété son père accroupi, occupé à retirer les roues d'appui qui stabilisaient le vélo à deux roues. *Vas-y, je te tiens, cherche ton équilibre, roule plus vite, je te lâche un tout petit peu...* Panique soudaine, vélo par terre, genou écorché, grimaces. *Ce n'est rien, tu tombes, tu te relèves, vas-y !*

Célébration du quotidien

Le gamin essuyait ses larmes d'un revers de manche, remontait, roulait. Victoire.

Première session d'examens, échecs, découragement. La prochaine fois, je décrocherai le diplôme. Espoir de grossesse, fausse couche, déception et souffrance ; je suis enceinte ! Emploi perdu, démarches, espoirs. *Tu tombes, tu te relèves.* D'âge en âge, le refrain. Il dit l'effort, les ratés, les reprises. Il soutient sans nier ni écraser. Non pas la quête de la perfection orgueilleuse et butée, du tout ou rien, mais l'apprentissage patient et jamais achevé. Il tient à l'humilité et au courage. Il célèbre la chute et le rachat, la faute et la rédemption, la fière condition humaine. Le plus souvent l'obstacle est en nous : traces d'une éducation trop perfectionniste ; méfiance, doute, appréhension ; honte et découragement.

Plus que les chutes brutales, ressenties comme telles, les chutes molles et insidieuses, les défaites silencieuses, l'usure. L'ennemi est difficile à démasquer. Érosion de la sensibilité : le simple plaisir d'être s'émousse et l'instant en est décoloré. Autour de soi, la fête semble continuer pour d'autres. Un sentiment de solitude, d'étrangeté accroît le malaise. Qui se soucie de moi ?

On va dans le jour comme un aveugle tâtonnant, on redoute tout imprévu parce qu'on ne se sent pas de taille à l'affronter. On est devant la mer et on ne ressent plus rien ; on attend le retour d'un enfant et on redoute cette irruption plus qu'on ne la désire. Une lettre ou une réponse tellement escomptées surgissent et ne rencontrent que notre désenchantement. Je ne suis plus touchée par la beauté, la bonté, la grâce. Le travail perd son intérêt, fauché par le sentiment d'à quoi bon : ce que je fais ne sert à rien ni à personne ; n'importe qui pourrait le faire à ma place. Plus rien ne tente ni ne plaît. Où aller, où me cacher ?

Au feu de l'amour

A chaque âge, ces vagues à l'âme, ces saturations et ces vides. Écolier écœuré, adolescent découragé, étudiant perplexe, cœur vacant, mains inoccupées, jeune mère débordée, homme mûr surmené, vieillard éperdu. Sans obstacle à surmonter, on se sent démuni, rongé du dedans. Comment alors célébrer le quotidien ? Présence à soi, à l'acte le plus modeste, celui de se dresser, conscient d'être en vie, de laver son visage, de préparer une tasse de café, de choisir la couleur du vêtement qu'on portera, d'envoyer un mot à celui ou celle qui fête son anniversaire. M'aimer telle que je suis, comme m'aimait ma mère, comme nous aime Dieu. Porter sur soi le regard que l'on accorde à ceux qu'on aime.

Tu tombes, tu te relèves. Oui, mais sans doute en est-il qui furent piétinés, accablés. Des enfants chez qui fut détruite cette force de renouvellement. Les écrasés, les humiliés. Tous ceux qui tombent. Sans pouvoir se relever. A ces privés du balancement, du jeu d'être et de son rythme, peut-on communiquer l'ébranlement qui réimprimera le mouvement de l'existence ? Ce qu'implorent les parents de drogués, de torturés, de violés, de disparus... Croire qu'Il est venu sauver ce qui était perdu, ce qui se perd à chaque instant. Tandis que j'écris, la mer part et revient, la nuit monte et le jour perce.

Je vous écris à bord d'une nuit traversée de lumière.

Ce matin, elle est exténuée. J'en ai assez d'être malade, souffle-t-elle. Les douleurs devenues insupportables nécessitent des calmants continuels.

Tu as mal et c'est moi qui souffre, éprouvons-nous lorsqu'un proche laisse s'envenimer une blessure d'amour ou d'amour-propre, s'aigrit et se cuirasse. Nous assistons impuissants à sa détérioration morale, de façon aussi douloureuse que je ressens la détérioration physique de mon amie : Je deviens affreuse, je ne me supporte plus dans le miroir, murmure-t-elle

Accepter de laisser rouler l'autre sur son aire, sans cesser d'espérer un rétablissement qu'il est seul à pouvoir opérer ; le laisser assumer sa vie, en l'environnant d'amour discret alors même qu'on préférerait être acteur plutôt que spectateur. A moins que cette participation soit une forme d'action.

Du désastre, de Pâques

Mes enfants sont dans les arbres,
j'ai ouvert la cage.
La maison respire dans la lumière
et le soleil entre par la porte
qui ouvre les bras.
La poussière chante dans les rayons obliques
de ce matin léger.
Le Seigneur s'est introduit dans ma maison
et Il s'est assis : comme il fait bon chez toi !
Je travaillais, je ne l'avais pas vu entrer.
Alors j'ai posé mon ouvrage
et je me suis assise près de Lui.
Et j'ai regardé avec Lui l'éclat de ce jour.

JE vous écris du désastre, je vous écris de Pâques.
Si j'ai entrepris de célébrer le quotidien qui me tient tellement à cœur, je ne puis pour autant négliger l'événement – rupture du quotidien par définition – qui a déclenché l'écriture mais aussi un chemin personnel à travers la vie, une *méthode* littéralement : la mort brutale, à trois mois d'écart, de mon père et de ma mère, qui nous laissait orphelins.

Ce jour-là

Nous étions heureux tous les cinq et nous le savions. Sans doute la guerre, l'exode et la captivité de mon père en Allemagne avaient-ils favorisé la prise de conscience du simple bonheur d'être ensemble. Nous cinq, c'est-à-dire lui, qui aimait son métier et les siens, elle qui incarnait à ses yeux la beauté, la joie de vivre, mon frère de quatre ans, ma sœur de deux ans et moi. Oui, en cette juste après-guerre nous étions des gens heureux, donc sans histoire. L'enfance dansait au soleil.

Un matin d'octobre 46, tout a basculé. J'avais sept ans, l'âge que l'on dit de raison. Mon père rentrait d'une visite dans la campagne quand un tram a heurté sa voiture, le tuant net. Ce midi-là, en rentrant de l'école, mon frère et moi, nous n'avons plus reconnu la maison envahie de parents, d'amis qui entouraient Maman en larmes, méconnaissable. A suivi une période étrange pendant laquelle Maman, malade et désespérément triste – une autre Maman, pas celle que nous connaissions « avant » (puisque désormais il y avait un avant et un après) – se traînait, recevant péniblement des inconnus susceptibles de racheter la clientèle de notre père. Jusqu'à ce qu'en décembre, à bout de forces, elle accepte l'hospitalité de sa sœur aînée et nous entraîne loin de la maison, de l'école, de la rue, de la ville. Début janvier 47, Maman terrassée mourait à son tour et nous, les enfants, nous étions répartis entre les familles fraternelles. A nouveau plus rien ne ressemblait à rien. Ni les visages, ni la maison, ni la rue, ni l'école. Rien.

Lorsque je me retourne vers ce temps déjà lointain, je mesure à quel point ce 17 octobre a modifié ma trajectoire : j'ai appris d'un coup combien la mort est imminente, surprenante. J'ai compris une fois pour toutes que n'importe qui (même ce

Du désastre, de Pâques

papa fort, rieur, invincible) pouvait mourir n'importe quand. L'angoisse qui a escorté cette découverte a pris des formes diverses, au nombre desquelles je compte la peur des voyages en voiture, la claustrophobie. Par contre, elle a communiqué à la vie, celle d'ici et de maintenant, une saveur sans pareille. Chaque matin, je m'étonne et je me réjouis d'être en vie ; je ne m'y habitue pas. J'ai appris aussi combien on pouvait compter sur l'amour des proches : ceux-là qui nous ont élevés comme leurs propres enfants avec une tendresse sans calcul. Ils nous ont prouvé que rien n'est jamais fini et que l'amour est vraiment plus fort que la mort.

La poésie est ma langue maternelle. Pour dire l'essentiel, je recours à ce langage elliptique et imagé qui fait appel non à la raison raisonnante mais à l'émotion et à la sève des mots, à ce qui bouge en chacun sous la couche de la routine, la cuirasse de la prudence. Comment exprimer autrement l'expérience initiale qui m'a bouleversée ?

Célébration du quotidien

elle a menti elle a perdu

elle apposa les scellés sur l'enfance
confisqua la maison   barra la rue vers l'école
verrouilla la ville ouverte sur les campagnes
                              et leurs fermes opulentes
cadenassa l'avenir

la tyrannique régnant sur les nuques matées

elle éteint les lampes   efface la buée heureuse
d'un linceul
                         elle recouvre
    les tables des fêtes les fauteuils les miroirs brillants
volets brutalement rabattus   elle tire les tentures

    épaisseur de l'ombre où se défait la chair du jour
     pavillon noir battant sombre sous le ciel changé

reste à enfouir sous les feuilles d'automne
         l'homme jeune arrêté dans sa course
reste à briser la terre de janvier
             à lui confier sa compagne
                      au visage de parchemin jauni

ci-gît   ici finit
                dirait-on

maintenant il faut s'éloigner   se hâter
         petits serrés les uns contre les autres
surtout ne pas se retourner
             sur les hautes herbes du jardin
                      la cabane dans les branches
         la vigne vierge flambera pour d'autres

c'est l'heure de revêtir les habits gris
         ils signalent le malheur et vous désignent
la mort vous a tatoués
         elle a tracé autour de vous un cercle magique
                  il fascine attire et repousse

Du désastre, de Pâques

vous venez d'elle la mère noire et cela se colporte
essayez de donner le change !
    vous n'appartenez plus aux bandes insouciantes
              qui sautent   rient
                          s'envolent sous les arbres

dans l'invisible balance
la mort pèsera désormais son poids de réalité
    — le divertissement ne vous en contera plus —
vous la savez par cœur et par corps
délivrés aussi de l'angoisse sans nom
        car vous l'avez identifiée   démasquée
la fière   la féroce aux gestes sans contredit
                        l'impudente l'intraitable

et pourtant
au ventre des univers fermente le vif secret
      qui lui échappe la double et la distance
déjà bouillonnent d'autres vœux   d'intrépides promesses
                              dénis   défis
déjà germent d'allègres pousses

                la mort n'a pas eu le dernier mot

*J*E *voudrais que mes mots du jour, puisés au noir de la détresse ou saisis à la pointe de l'allégresse, soient chansons égrenées au fil des heures. Je repense à Marie Noël, la petite fille et la vieille fille, la femme douloureusement mûrie dans la mesquinerie provinciale, au visage ingrat dont, seul, le regard amoureux pouvait percevoir l'intense beauté, toutes se présentent au seuil du Royaume. Lambeaux de chair vive, coups et blessures, cicatrices et sutures ; peau du texte qui serait transfiguré, et non peau de chagrin ; je voudrais vous offrir mon livre en miettes, en éclats.*

Du Royaume

Octobre, sa lumière. Quelqu'un allume un feu dont la senteur âcre pousse jusqu'ici. Dans la clarté étale, des moucherons vibrionnants viennent s'épingler à la toile d'araignée écartelée entre les jets de glycine.
Des merles que personne ne dérange volent à leur gré entre les hautes marguerites jaunes, les capucines orange et la dernière rose. Une paix tachée çà et là de rouille. Le soleil se veut printanier, mais un marron rebondit sur le mur de brique.
Au-delà des arbres, dans les interstices mouvants, des ronds de faveur dansent sur l'herbe ; un cheval s'y prend la robe puis s'éloigne au trot. Livré à lui-même, l'univers fleurit dans le silence.

JE vous écris du Royaume.
Je vous écris des entrailles d'une foule, entassée sur une plage écrasée de soleil, grouillante par les couloirs du métro à l'heure de pointe, affolée dans un magasin aux jours de soldes. Frisson.

Ici, les corps nus sont marqués par l'abus d'alcool, de graisse, de vie sédentaire, de soleil intempérant, plutôt que par la diététique, la course à l'air libre. La promiscuité, et son lot de papiers sales, de canettes de bière, de transistors, de regards sans pudeur, de cris exaspérés, donne envie de se jeter à la mer. Là, l'odeur prenante d'une fin de journée de travail, la transpiration âcre, les relents de nourriture, les haleines chargées, la peur imprécise, ont envahi les couloirs. Le fracas des rames qui s'ébranlent, la course des retardataires, les musiciens amateurs et leur sébile, tout crie la hâte de survivre sous les trottoirs et les rues d'une ville surmenée. Ailleurs, la jungle des grandes surfaces. La fièvre des mains mêlées dans les amoncellements de textiles sous les affiches alléchantes : A *moitié prix*. La hantise de rater l'occasion unique à des centaines d'exemplaires. La presse sans vergogne pour atteindre la robe convoitée, quitte à la rejeter aussitôt, après l'avoir soustraite aux doigts rivaux. Les cris d'enfants bousculés, l'agacement des mères distraites.

Dans quels cercles, Dante logerait-il aujourd'hui ses damnés ? La terrible et violente vulgarité des foires d'empoigne, des courses au profit, des engrenages du travail, de tous les leurres, saisit à la gorge. *La beauté sauvera le monde*, l'affirmation de Dostoïevski résonne comme un acte de foi, d'espérance, plutôt que comme un constat ou l'expression d'une volonté. On se sentirait irrité si la personnalité de l'écrivain, ce qu'on connaît de son expérience, n'en garantissaient la valeur.

Le ferment

A la vie, comme à la mort, la beauté apporte son soutien modeste, mystérieux et puissant. Images, parfums, musiques, saveurs et touchers qui nous pénètrent, nous enchantent et murmurent quelque chose d'un paradis perdu à retrouver tôt ou tard. Beauté intérieure qui irradie à l'instant de la rencontre, du geste gratuit. Paraboles quotidiennes du Royaume. Promesse.

Un levain travaille la pâte. En nous et au-dehors, la lutte que se livrent les forces de vie et de mort. Acquiescer aux temps de deuil qui scandent notre existence – *Et à l'heure de notre mort*, cette invocation de l'Ave Maria, est de chaque instant de notre vie –, résister vigoureusement aux puissances de désagrégation qui nous convaincraient de l'inutilité de tout combat et nous inclineraient trop tôt vers les renoncements. Nourrir les croissances et les émerveillements.

Par brefs éclats

Dans la nuit de l'appartement endormi, je m'arrache à un cauchemar atroce dans lequel sévissait la malice gratuite – violence, torture, chantage. Me lever pour dissiper les sombres enchantements. Aller boire un verre d'eau à la cuisine. Et voilà que je surprends la mer luisant doucement sous la lune : une splendeur sans égale, si paisible ; un rayonnement continu qui fait monter les larmes aux yeux. Combien sommes-nous en cet instant à contempler le spectacle ? Trois ou quatre insomniaques aux fenêtres et balcons de la digue ? Tant de beauté pour personne, aurais-je envie de dire.

Me reviennent en mémoire d'autres instants semblables : un feu qui continue à brûler seul dans la cheminée ouverte alors que les amis sont rentrés chez eux depuis longtemps ; un brasillement secret. La petite chaise de paille oubliée dans l'herbe et retrouvée à l'aube, solitaire, au milieu de la rosée et des premiers cris d'oiseaux ; elle fait sourire avec émotion, non seulement parce qu'elle réveille des images d'enfance, mais à cause de sa forme, de sa matière élémentaire, d'une beauté naïve.

Ainsi des êtres découverts dans leur singularité, leur intime splendeur, hors de notre prise ; saisis dans leur originalité. Ce bébé que je surprends à gazouiller et à rire seul dans son berceau parce que la lumière chatouille sa main ou qu'un souffle agite le mobile aux vives couleurs. Ce visage d'adolescent radieux qui me répond, lorsque je l'interroge sur l'origine de son plaisir : *Je suis content*, comme une évidence. Cette femme chez qui je sonne à l'improviste, certaine de ne jamais la déranger, et que je trouve dans la sérénité d'un geste simple : cuisinant une tarte, écrivant une lettre ou recousant un ourlet au bord du jardin ; tranquille, accueillante, sans agitation ni amertume.

Il arrive que je remarque sur une photo (celle d'un proche que je crois connaître par cœur ou de moi, enfant) une expression ou une attitude qui délivre l'être profond, dissimulé le reste du temps. Tout à coup, je vois l'autre dans ce qui le distingue et constitue sa personnalité, je m'émerveille. De la même façon, je me sens comprise et réconfortée, en ouvrant au hasard un livre endormi sur le rayon d'une bibliothèque, d'y retrouver, fidèle et magnifique, le don d'une expérience qui jamais ne s'impose, mais sonne et résonne juste, telle la voix de Julien Green :

> Aimer à en mourir quelqu'un dont on n'a jamais vu les traits ni entendu la voix, c'est tout le christianisme. Un homme se tient debout devant une fenêtre et regarde tomber la neige, et tout à coup se glisse en lui une joie qui n'a pas de nom dans le

langage humain. Au plus profond de cette minute singulière, il éprouve une tranquillité mystérieuse que ne trouble aucun souci temporel ; là est le refuge, le seul, car le Paradis n'est pas autre chose qu'aimer Dieu, et il n'y a pas d'autre enfer que de n'être pas avec Dieu [1].

La gloire du simple

A la fin de sa vie, Henri Matisse a renoué avec son enfance en recourant à la technique des papiers découpés et collés. Il a éprouvé un plaisir printanier à jouer de ce matériau, à chanter, lui qui disait : *Un tableau sur un mur devrait être comme un bouquet de fleurs dans un intérieur.* N'est-ce pas une métaphore de nos existences pétries d'ordinaire et d'extraordinaire ? Tailler à même le papier coloré la substance de son rêve, chercher forme aux sensations fugaces qui traversent le regard en éveil. Assembler les fragments d'instants saisis, d'éblouissements chromatiques. Recréer les fêtes quotidiennes et les visions.

La beauté est étrangère à la richesse et à la pauvreté. Elle fleurit dans le dépouillement lumineux des églises romanes aussi bien que dans la splendeur baroque des églises d'Espagne ou de Prague. Si le renoncement rend gloire à Dieu, il n'en est rien de la laideur ni de la médiocrité. La beauté intime remonte aux yeux et aux lèvres des artistes et de leurs œuvres – portraits, statues, poèmes. Elle s'épanouit dans les espaces sauvages et dans les jardins cultivés. Elle se déchiffre sur la fresque

---

1. *Journal*, tome 3, p. 74.

effacée et la partition déchirée, de même qu'elle surgit dans l'esquisse et les premières trilles d'un chant.

L'enchanteur

A 20 heures, les familles ont déserté la plage, regagné studios, appartements et villas. Saoulées de grand air, elles sont devant le journal télévisé ou préparent le repas du soir. Voici que j'entends un saxophone égrener des mélodies connues. De mon perchoir, je découvre un jeune homme d'une vingtaine d'années ; à peine débarqué de sa planche à voile et dépouillé de sa combinaison isothermique, il s'est assis sur le banc de la digue et joue pour la marée montante.

On pourrait croire que les foules accourraient aux balcons des immeubles pour l'applaudir, mais non ! chacun se rencogne devant l'écran. Jeune Orphée marin, coiffé d'une casquette, il souffle, il module, superbe ; il enchante la plage seule. Et les vagues viennent lui manger dans la main.

La transfiguration

Sans hâte et sans nonchalance, susciter les fleurs de l'imaginaire pour en faire présent. Laisser à chacun son droit de rêve, sa part d'enfance inviolée, sa vie en projet, son itinéraire. Les confier à la Vie, ses infinies ressources, sa secrète splendeur.

À la messe du matin, le prêtre évoque le vin et le pain transfigurés par le geste de la consécration : célébration du quotidien. Recréant la scène relatée par l'Évangile du jour, il élargit la Transfiguration à nos visages, à nos corps. Le visage d'Élisabeth, artificiellement gonflé par la cortisone, sur ce corps terriblement amaigri, l'un et l'autre étrangers à la belle sportive élancée qu'elle était il y a moins de deux ans. Mais aussi Élisabeth dans son jardin : ancolies et pieds-d'alouette accordés, la silhouette massive des tilleuls se détachant contre le champ de blé en vagues sous la brise.

Qui arrive à déchiffrer la beauté inscrite en filigrane de nos vies déchirées, émiettées, si ce n'est Lui qui nous a appelés à l'être et nous a aimés le premier ?

Je vous écris dans l'espérance du Royaume.

> « *Ne craignez pas pour ceux que vous laissez. Votre mort en les blessant va les mettre au monde.* »
>
> Jean SULIVAN

Table

Préface	9
D'ici et de maintenant	17
D'une cuisine	27
D'un matin	39
En transit	51
D'une vie de femme	63
D'un itinéraire maternel	73
D'un balcon	89
Avec enthousiasme	101
D'une solitude	109
De la patrie des livres	121
Du silence	131
A bord de la nuit	141
Du désastre, de Pâques	153
Du Royaume	163

« *Littérature ouverte* »

Sylvie GERMAIN
Les échos du silence

Jean-François BOUTHORS
Jonas l'entêté

Georges BAGUET
Le miroir allemand

Colette NYS-MAZURE
Célébration du quotidien

2ᵉ édition - 6ᵉ mille

Achevé d'imprimer le 16 mai 1997
dans les ateliers de Normandie Roto Impression s.a.
à Lonrai (Orne)
pour le compte des Éditions Desclée de Brouwer
N° d'impression : 971043
Dépôt légal : mai 1997

Imprimé en France